能源生态与高质量发展　系列丛书
金融统计方法与应用

全球半导体产业链贸易网络供应风险传播研究

何小燕　杨朝静　曹京平　杨文华　等著

中国商务出版社

·北京·

图书在版编目（CIP）数据

全球半导体产业链贸易网络供应风险传播研究 / 何小燕等著. -- 北京：中国商务出版社，2025. --（能源生态与高质量发展系列丛书）（金融统计方法与应用系列丛书）. -- ISBN 978-7-5103-5591-2

Ⅰ. F416.63

中国国家版本馆CIP数据核字第2025EE0923号

全球半导体产业链贸易网络供应风险传播研究

QUANQIU BANDAOTI CHANYELIAN MAOYI WANGLUO GONGYING FENGXIAN CHUANBO YANJIU

何小燕　杨朝静　曹京平　杨文华　等著

出版发行：中国商务出版社有限公司
地　　址：北京市东城区安定门外大街东后巷 28 号　邮编：100710
网　　址：http://www.cctpress.com
联系电话：010-64515150（发行部）　010-64212247（总编室）
　　　　　010-64243016（事业部）　010-64248236（印制部）
策划编辑：刘文捷
责任编辑：刘　豪
排　　版：德州华朔广告有限公司
印　　刷：北京建宏印刷有限公司
开　　本：787 毫米 × 1092 毫米　1/16
印　　张：12.5　　　　　　　　　　　字　　数：224 千字
版　　次：2025 年 5 月第 1 版　　　　印　　次：2025 年 5 月第 1 次印刷
书　　号：ISBN 978-7-5103-5591-2
定　　价：78.00 元

丛书编委会

主　　编　王春枝
副 主 编　刘　佳　米国芳　刘　勇
编　　委　王志刚　王春枝　刘　佳　刘　勇　米国芳　陈志芳
　　　　　赵晓阳　郭亚帆　海小辉

序 Preface

在全球经济格局深刻变革、科技革命加速演进的今天，人类社会正站在一个新的历史节点上。一方面，传统经济模式面临着资源短缺、环境污染、生态退化等诸多挑战；另一方面，以绿色、低碳、可持续为核心的高质量发展理念，正成为推动全球经济转型的重要驱动力。在这样的时代背景下，能源、生态、金融统计等相关领域的研究，不仅是学术研究的前沿方向，更是实现经济高质量发展的关键所在。

能源是经济发展的基石，生态是人类生存的家园。在过去的几十年中，全球能源需求的快速增长与生态环境的恶化，已经对人类社会的可持续发展构成了严重威胁。随着全球气候变化加剧、生物多样性丧失以及资源短缺问题的日益突出，传统的发展模式已经难以为继。在此背景下，如何在保障能源供应的同时，实现生态系统的平衡与修复，成为全球关注的焦点。

近年来，中国在能源转型与生态保护方面取得了显著成就。一方面，中国积极推动能源结构调整，大力发展可再生能源，逐步降低对传统化石能源的依赖；另一方面，通过一系列生态保护政策的实施，生态系统退化的趋势得到了初步遏制。然而，面对全球性的挑战，中国的能源与生态转型仍面临诸多难题。例如，能源市场的波动性、新能源技术的成熟度、生态补偿机制的完善性等，都需要进一步的理论研究与实践探索。

在这样的背景下，"能源生态与高质量发展"系列丛书，旨在为学术界、政策制定者和从业者提供一个交流平台。通过深入探讨能源转型的路径、生态系统的价值评估，以及两者与经济高质量发展的内在关系，希望能够为实现绿色、低碳、可持续的经济发展模式提供理论支持与实践指导。

金融是现代经济的核心，而统计方法则是金融决策的基石。在当今复杂多变的经济环境中，金融市场的波动性、风险的不确定性以及数据的海量性，都对金融决策提出了更高的要求。金融统计方法，作为一门结合数学、统计学和金融学的应用科学，为解决这些问题提供了强大的工具。

随着大数据、人工智能和机器学习等新兴技术的快速发展，金融统计方法的应用范围不断扩大。从金融市场预测、风险评估到投资组合优化，从宏观经济政策分析到微观企业决策支持，金融统计方法都发挥着不可或缺的作用。

"金融统计方法与应用"系列丛书，通过系统介绍金融统计方法的理论基础、模型构建以及应用案例，希望能够为相关研究者提供一个全面、系统的视角，并通过本书找到适合自己的工具和方法，从而更好地应对金融领域的复杂问题。

本套丛书在编写过程中参考与引用了大量国内外同行专家的研究成果，在此深表谢意。丛书的出版得到内蒙古财经大学的资助和中国商务出版社的鼎力支持，在此一并感谢。受作者自身学识与视野所限，书中观点与方法难免存在不足，敬请广大读者批评指正。

丛书编委会

2024年12月20日

前言
Preface

　　随着全球数字经济的快速发展，半导体产业作为信息产业的核心与数字经济的基石，日益受到全球关注。然而，近年来由于中美贸易摩擦、地缘政治紧张局势以及新冠疫情等多重不确定因素的影响，全球半导体供应链面临严重挑战。这些外部冲击给全球半导体产业的供应稳定性带来了深远影响，诸如我国作为依赖进口关键半导体设备和材料的国家，供应链安全问题尤为突出。因此在产业链视角下，系统科学地考察半导体产业链贸易风险的传播机制，对我国增强贸易风险的应对能力，保障我国半导体产业发展具有重要的现实意义。

　　本书基于产业链视角，对半导体产业链贸易网络中供应风险的影响进行模拟分析。首先，基于2008—2022年的贸易数据分别构建了半导体制成品、制造材料和制造设备贸易单层网络，并通过度、网络密度、平均路径长度等网络指标分析了整体网络结构的演变。进而通过节点度数中心性、介数中心性等指标分析了网络各节点的局部特征。再利用BGLL算法对网络的社区结构演变进行分析，以此评估整体网络格局的时空演变以及网络中各节点的网络地位变化。其次，基于已构建的单层网络，以及半导体产业链内的投入产出关系，构建半导体产业链多层网络，为供应风险机制研究奠定基础。最后，基于贸易多层网络和贸易风险传播模型，分别从半导体产业链单层贸易网络和多层贸易网络两个视角模拟在不同贸易风险冲击下的影响范围，识别关键传播源以及关键传播源的传播路径，并为中国应对供应链风险以及保障半导体产业链供应安全提供了政策建议。

　　本书得到了以下结论：第一，半导体制造设备、制造材料和制成品贸易网络中存在显著的"核心—边缘"结构，参与半导体制造设备和材料贸易的国家（地区）数量较少，网络较为稀疏，平均路径长度和网络直径变化幅度较大。而参与半导体制成品贸易的国家（地区）数量较多，网络密度较大，且连接点的聚集程度较高。中国在半导体制造材料和设备网络中的主导地位日益增强，逐渐成为全球半导体产业链中核心国家之一。第二，半导体制成品贸易网络的抗风险能力最强。当少数国家（地区）作为初始风险传播源时，半导体制成品贸易网络中的风险感染率较大，且中国在该网络中的影响力最强。而半导体制造材料和设备的贸易网络在供应链中断时，抵抗风险的能力较弱。特别是当关键节点出现供应危机时，供应链危机会对全球多个国家和地区产生连锁反应，造成供应中断。第三，在半导体制造设备网络中的关键节点供应危机会对半导体制造材料贸易网络层产生显著影响。随着各风险源出口减少的比例增加，半导体制造设备网络中的关键节点会引发制造材料网络中失效节点数量的增加，进一步扩散至全球范围。在关键节点国家（地区）如德国的供应风险传播时，对半导体制造材料网络的冲击最为明显。第四，半导体制造材料网络中的供应危机对制成品贸易网络层也产生了重要影响。尽管排名略有差异，但大部分关键节点国家（地区）在半导体制造设备和材料网络中的影响较为一致。供应风险的传播主要通过关键节点直接影响到其他国家（地区），并通过这些节点进一步扩展到网络中的其他国家（地区），导致全球供应链的广泛中断。

本书为内蒙古自治区一流建设学科"统计学"、国家社会科学基金项目（22BTJ070）、国家自然科学基金项目（11962019）、内蒙古自然科学基金项目（2021MS01024）、内蒙古财经大学2024年度自治区五大任务研究专项课题（NCXWD2425）、内蒙古经济数据分析与挖掘重点实验室课题（SY23002）的研究成果。

本书各章编写人员为：第1章，何小燕、杨朝静、曹京平；第2章，何小燕、杨朝静、曹京平；第3章，何小燕、杨朝静、杨文华、陈清如；第4章，何小燕、杨朝静、刘玉；第5章，杨朝静、陈清如、刘玉；第6

章，何小燕、杨朝静、刘玉；参考文献，杨朝静、陈清如、刘玉。最后由何小燕、杨朝静对全书进行统稿和修改。

由于作者学识、水平有限，书中难免有错误及疏漏，恳请国内外相关领域专家学者以及读者批评指正。同时，感谢中国商务出版社编辑为本书出版付出的辛勤努力。

作者

2025年1月

1 绪 论

1.1　研究背景及意义

1.1.1　研究背景

半导体作为集成电路（integrated circuit，IC）的基础材料，是电子产品的"心脏"，也是当前信息产业的核心部分和数字经济发展的基石。半导体产业是国际劳动分工的典型代表，其分工体系的扩张是20世纪80年代以来经济全球化的缩影，同时半导体产业链的发展水平已经成为衡量一个国家科技和产业实力的重要标志[1]。随着中国对半导体产业发展的不断重视，中国政府先后提出相应政策来应对中国半导体产业发展"卡脖子"问题。2015年5月国务院印发的《中国制造2025》中指出，中国要加快建设现代电子信息产业体系，推动新一代信息通信技术与制造业的深度融合，实现从制造大国向制造强国的转变。此后，党的二十大报告提出，加快实现高水平科技自立自强，以国家战略需求为导向，集聚力量进行原创性引领性科技攻关，坚决打赢关键核心技术攻坚战。

由于半导体产业对资本、技术、知识以及人才等要求门槛较高，半导体产业对全球劳动分工体系的依赖程度更深，这深刻地影响了各国家与地区之间的经济合作关系[2]。并且随着产品复杂度的不断提升，企业的生产方式由半导体产业发展初期以企业内分工为主导的垂直一体化生产逐渐转变为"设计—制造—封测"高度专业化的分工体系，进而使半导体供应链的不同环节开始在全球进行分散化的布局[3]。当前，绝大部分半导体企业仅专注于供应链的一层，小部分企业有可能跨几层进行垂直整合，但没有一家企业甚至整个国家（地区）是垂直整合的。此外，半导体产业的生产重心也发生了多次的变迁，表现为从美国向日本、韩国、中国台湾及东南亚地区的区域转移的过程[4]。但由于不同环节的价值分布差异显著，国家（地区）之间在产业不同环节的生产中的价值捕获也凸显了非对称性的特点[5]。

由于半导体产业具有高度全球化和复杂性的供应链特征，导致了其面临着多样的全球贸易风险。在疫情前，随着地缘政治局势紧张加剧，半导体产业链已经承受了巨大的压力。而如今，尽管新冠疫情的威胁已逐渐消散，但地缘政治紧张的局势却丝毫未减[6]。首先，地缘政治局势紧张加大了半导体产业的全球贸易风险。自

2020年以来，美国一直利用"长臂管辖"不断收紧对中国半导体产业供应链的出口管制，先后对《出口管制》中的多项进行修订，不断升级半导体产业的技术出口管制力度，并与日本、印度等多国家（地区）联手，计划形成"去中国化"供应链联盟[7]。此外，总部位于荷兰的阿斯麦公司，于2024年1月1日撤销了两种型号的光刻系统对于中国的出口许可证。光刻机作为半导体产业生产环节中最核心的制造设备，其断供对中国半导体产业的生产和供应造成直接且深入的影响[8]。由此也可以看出，政府干预对半导体制造业贸易的影响成为国际贸易市场上最大的无形壁垒。

其次，自然灾害、重大突发公共卫生事件等因素也深刻地影响着全球半导体产业的供应安全。由于半导体制造材料和制造设备等上游环节的生产与制造对生产的外部环境要求十分苛刻，导致其生产环节较容易受到自然灾害等因素的影响，其供应风险直接影响着半导体产业链下游环节的生产与制造。例如，2011年，日本发生9.0级地震，导致了其多个生产设施被迫停产，富士通半导体工厂等均受到影响，造成当年国际市场上的半导体芯片均价上涨。重大突发公共卫生事件也会引起全球产业链供应中断[9]，2020年，新冠疫情暴发，席卷了全球200多个国家和地区，一些半导体贸易大国采取"封城""限运"，给全球半导体产业带来巨大冲击，导致部分汽车、通信产业都出现了芯片短缺的现象[10]。

此外，市场需求的不确定性和波动也是半导体产业面临的重要风险之一。半导体产业的市场需求还受到科技发展和消费趋势的影响，任何技术变革和市场变化均能导致其需求的剧烈波动。近年来，智能手机市场的饱和与5G技术的推广均对半导体产品的需求产生了重大的影响。这些风险不仅会影响到单个企业和国家（地区）的经济发展，还可能对全球科技创新和产业进步进程产生比较深远的影响。

所以面对生产技术快速进步、地缘政治不稳定和许多未知自然灾害情况等众多挑战，深入研究半导体供应链所面临的风险并探索有效的措施和战略来减轻这些风险势在必行。目前已经有学者通过引入复杂网络分析方法，对全球半导体产业贸易进行网络化分析与建模，但该类研究大多集中在半导体贸易的静态演化。如何以动态的视角去探究半导体产业贸易风险的传播问题，成为新的研究热点。因此，本书基于多层复杂网络的分析方法，建立半导体产业贸易网络动态风险传播模型，并根据传播结果提出相应的策略建议，以应对半导体产业多层网络的贸易风险，有助于增强我国对重大公共卫生事件等突发事件的战略应对能力，也可以为保障我国半导体产业供应安全以支撑中国科技强国战略目标的实现提供科学依据。

1.1.2 研究意义

在当前的国际形势下，针对以上半导体产业面临的全球贸易风险，本书将综合运用复杂网络、国际贸易、产业链风险传导等理论，以全球半导体产业链贸易作为研究对象，深入探讨半导体产业链贸易网络的格局变化及风险传播机制以及应对措施。

1.1.2.1 理论意义

（1）本书将复杂网络研究方法应用于半导体产业贸易格局演变的研究中，构建半导体产业贸易网络、进一步分析网络的拓扑结构和社区的挖掘，继而清晰呈现半导体产业链的供给形势和演化特征。

（2）针对半导体产业贸易的联动特征，从全产业链视角动态解析半导体产业多层贸易网络的风险传播问题，在以往的静态的、单层的半导体产业贸易风险分析基础之上，拓宽了半导体产业贸易网络的分析维度，为半导体产业贸易网络的风险研究提供了新思路。

（3）在清晰揭示半导体产业风险传播的规则上，借鉴传统的传染病模型的建模思路，构建基于多层网络的半导体产业链贸易风险传播系统的仿真模型，揭示全球半导体产业贸易风险的传播机制，延拓了复杂网络方法在全球半导体贸易研究领域的应用。

1.1.2.2 现实意义

本书基于当前新冠疫情、俄乌冲突等众多突发事件的国际局势，在单个国家（地区）的出口限制的情境中，构建多层网络风险传播分析框架，识别半导体贸易网络中风险传播机制中的关键传播源、冲击拐点和关键国家（地区）的具体传播路径，有助于我国及时捕获半导体产业贸易网络风险传播的影响，把握其风险传导规律。为我国提出了更加优化、更具针对性的半导体产业贸易网络风险防范的策略，以增强我国应对半导体产业贸易风险的战略应对能力，有效缓解我国半导体产业相关产品的供应风险。

1.2 研究内容、研究方法与技术路线图

1.2.1 研究内容

本书在回顾梳理相关文献后，基于当前全球半导体产业发展局势和发展现状，从理论和实证两个层面研究了全球半导体产业链贸易网络风险传播及对策分析问题。

第1章，绪论。本章简要介绍了本书的研究背景、目的及研究意义。构建全书的研究框架，对研究思路、内容安排及本书的创新点与不足做了简单的介绍。

第2章，文献综述。本章主要梳理了与本书相关的文献，根据国内外现有的文献，首先对国内外关于全球半导体产业链供应风险的相关研究进行梳理。其次对有关复杂网络在全球半导体产业贸易网络以及风险传播中应用的文献进行总结概括。最后梳理关于复杂网络拓扑结构的相关综述作为本书研究网结构的基础，并总结了目前关于贸易风险的调控策略研究。

第3章，理论基础与机理分析。本章主要分为四个部分，首先是对网络的表示方法、拓扑特征以及多层网络等复杂网络理论的相关介绍，其次对产业链风险、产业链风险传播理论和系统动力学理论进行介绍，最后对半导体产业贸易风险传播的诱发因素以及通过PRS模型进行贸易风险传播的机理分析进行介绍。

第4章，半导体产业链贸易网络格局演变。本章首先介绍了数据的来源和模型构建的方法、网络分析的基本指标和社区发现算法。其次分别分析了半导体制成品、制造材料、制造设备贸易网络的演变格局，主要从网络的全局特征演变、重要参与节点排序的演变以及社区结构的演变三个方面进行分析比较。

第5章，半导体产业链多层网络贸易风险传播机制研究。本章首先在上文构建的半导体制成品、制造材料、制造设备贸易单层网络的基础之上，搭建半导体产业链多层网络，并基于点传播的思路，构建单个节点出口限制传播的半导体产业链多层网络贸易风险传播机制，分析不同贸易冲击下的风险传播影响范围、识别半导体产业贸易风险传播机制中的关键传播源、冲击拐点以及关键国家（地区）的传播路径。

第6章，研究结论与展望。本章简要总结全文的主要研究结论，同时对需要进一步解决的问题和未来的研究方向进行展望。

1.2.2 研究方法

（1）文献研究法：利用Google Scholar、知网、Open Knowledge Maps等工具搜索相关文献，在全面搜索有关文献资料的基础上梳理已有文献脉络，从而对研究问题进行系统、全面的叙述。通过梳理全球半导体产业贸易网络的研究现状、贸易风险传播的研究现状以及风险策略等文献，分析当前的研究现状、趋势以及本书研究的必要性。

（2）复杂网络模型：本书通过应用复杂网络理论构建全球半导体产业贸易网络，分析网络的拓扑特征以更好地评估实际贸易情况，并在单层网络的基础之上搭建了多层网络用以分析贸易风险传播的仿真研究。

（3）基于模块度最优的BGLL社区划分算法：在复杂网络社区发现算法中，模块度被广泛地应用于研究中。BGLL算法是基于模块度最优的启发式算法，通过将社区发现问题转化为优化问题，然后以社区划分模块度最优为目标搜索最优解。BGLL算法的优点在于划分速度快，并且可发现不同分辨率的社区结构，属于从下向上的凝聚式社区发现算法。

（4）贸易供应风险传播模型：本书通过应用复杂的经济学原理，结合国家应对风险的能力和传播风险的差异，借鉴传染病的传播模式以及级联失效的基本原理，研究在供给短缺的情况下，半导体产业多层网络的贸易风险传播过程。

1.2.3 技术路线图

本书综合运用复杂网络理论、产业链风险传导理论、系统动力学理论，以半导体产业链为研究对象，在百年未有之大变局下，围绕全球半导体产业链多层网络贸易风险传播机制及对策展开研究。首先，针对当前地缘政治局势，构建基于横向的产品国际贸易数据，分别构建半导体产业链不同环节贸易网络，从单层网络特征格局演变进行分析，并对其进行社区划分，研究产业各环节关键国家（地区）地位和网络结构特征，为下文研究贸易风险传播机制奠定基础；其次，基于多区域投入产出数据，构建"半导体制造设备—半导体制造材料—半导体制成品"的半导体产业链多层网络，并基于点传播的思路，将复杂网络模型与传染病模型相结合，构建基于点传播形式（单个国家或地区出口限制传播）的全球半导体产业链多层网络贸易风险传播模型，探究半导体产业链多层网络贸易风险的冲击拐点、传播源、传播影响范围、传播影响程度及传播路径，以此对中国的半导体产业风险管理和可持续发展提出相应的应对策略，具体的技术路线如图1-1所示。

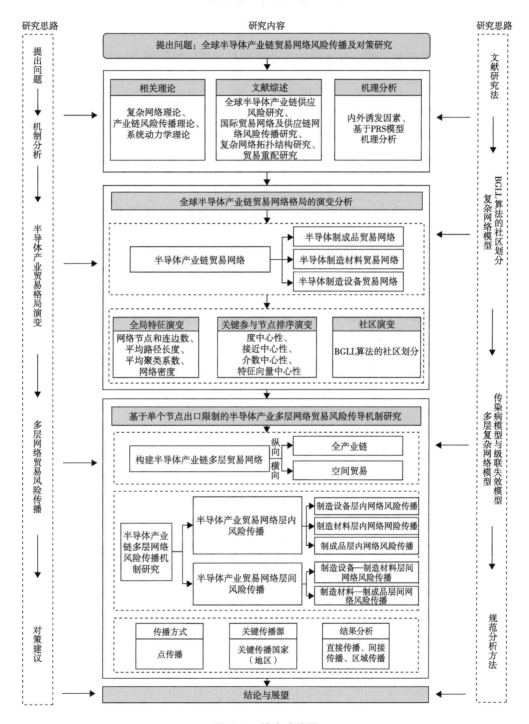

图 1-1 技术路线图

1.3 本书主要创新点

针对本书的研究主题全球半导体产业链贸易网络风险传播及对策分析，本书的创新点如下：

（1）本书在单一网络研究的基础上，以全产业视角分析了不同环节的半导体产业贸易网络的格局演变和社区演变。其中在挖掘社区结构时，本书基于模块度最优的 BGLL 算法进行研究，可以发现不同分辨率的社区结构。

（2）本书基于半导体产业中各环节产品之间的投入产出关系，构建了多层贸易网络模型，为系统性分析贸易风险在产业链中的动态传播机制奠定了研究基础。并基于级联失效的研究思路，构建了单个节点出口限制情境下的半导体产业链多层贸易网络风险传播模型。分析整个产业链贸易风险的动态传播过程，为关于半导体产业贸易风险的动态研究提供了一种新的研究思路。

（3）本研究基于点传播，将复杂网络中的级联失效模型与传染病模型相结合，率先构建了单节点限制的全球半导体产业多层网络贸易风险传播模型以及风险分析框架，综合研究了不同程度的贸易冲击情境下的风险传播范围。此外，还识别出网络中的关键传播源、冲击拐点以及传播路径，有助于全面把握我国半导体产业贸易网络的风险传导规律。

2 文献综述

半导体产业的供应安全是指一个国家或地区能够通过可持续且稳定的方式获得其所需的相应半导体产业关键产品的状态，如果这种安全无法得到保障，将会阻碍其半导体产业的生产过程，造成部分关键产品在国际市场上断供或短缺，从而引发各种后果。因此，本书主要研究全球半导体产业链贸易网络的风险传播机制和对策。由于全球半导体产业贸易网络及其风险传播的研究有限，考虑到半导体产业贸易问题的复杂多样性，本书将从全球半导体产业链供应风险研究、国际贸易网络及供应链网络风险传播研究、复杂网络拓扑结构三个方面进行梳理，具体文献梳理如下所示。

2.1　半导体产业贸易风险研究

2.1.1　半导体及半导体产业界定

关于人类对于半导体的使用历史可以追溯到1874年，人们在自然界的矿石中发现了半导体物质，并在尚不知其作用原理的情况下使用该材料[11]。直到1947年，贝尔实验室发明了世界上第一个半导体：晶体管，标志着半导体正式登上历史舞台。拉开了持续近几十年的信息科技变革的序幕。半导体产品种类丰富，可以大致被划分为集成电路、半导体器件和光电半导体三大类，其中集成电路的应用最为广泛。集成电路是指采用一系列特殊技术，将晶体管、电阻等基本元件按照设计好的电路互联，制作在半导体单晶片或陶瓷等绝缘基片上，再封装在一个外壳内，最终可以执行特定电路或系统功能的器件[12]。集成电路具有体积小、处理信息能力强等优良性能，根据不同功能可以将其细分为存储器、微器件、模拟电路和逻辑电路四大类产品，广泛应用于消费电子、汽车、电信等领域[13]。

半导体产业是典型的技术密集型、知识密集型和资本密集型产业，其生产涉及原材料、光罩、设计、制造、封装、测试和设备七个领域。其中，设计、制造、封装、测试四个环节是半导体产业链的核心环节，每个环节均可作为独立的产业，设备制造和原材料生产属于半导体产业链中的支撑性产业[14]。信息技术产业的发展推动半导体技术的更新换代，为了适应市场变化，半导体产业结构不断演变，慢慢形成了设计、制造、封装和测试四种产业共存的格局（图2-1）。随着产业链的裂变，半导体企业形成三种主要的经营模式，分别是既可以设计又可以制造的IDM（Intergrated Device Manufacturer）模式、专注代工服务的Foundry模式和单有设计功能的Fabless模式[15]。

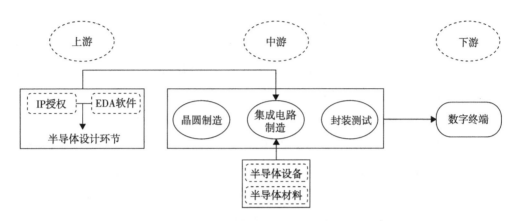

图 2-1　半导体产业基本结构

2.1.2　半导体产业链贸易风险研究

在过去的三十年里，半导体产业基于比较优势的国际地理专业化分工带来的优势形成了一个高度集中并相互依赖的全球半导体产业链。虽然这种地理专业化的分工使半导体产业迅速发展起来，但是产品国际贸易参与主体分布地域广、产品运输时间长等特点也造成了全球半导体产业链的强脆弱性。任亚文等（2023）通过构建全球半导体贸易关系矩阵，并测算其依赖指数分析全球半导体产业的依赖关系，结果表明，全球半导体产业贸易空间不平衡性极强，尤其是材料和设备的供需两侧高度集中在少数国家或地区[5]。据BCG和SIA（2020）报告指出，半导体供应链中存在50个制造中心，但是其中的一个地区占据了全球市场份额的65%以上，大约75%的半导体制造能力以及许多关键材料（如硅片、光刻胶和其他特种化学品）的供应商都集中在东亚，该地区严重暴露于高地震活动和地缘政治紧张局势。目前，中国台湾掌握着世界上最先进的半导体制造能力（10nm以下的芯片），其产量占世界总产量的92%，韩国则占其余的8%。而这些地区可能会受自然灾害、基础设施关闭、国际冲突等因素的干扰，造成该种芯片在世界范围内断供[16]。

自2020年以来，全球出现了严重的半导体短缺现象，导致许多专家认为这是20世纪70年代石油危机的现代版"半导体短缺危机"，无数的产品被限制出口、停产等导致其价格飞涨，许多行业均受到严重的影响[17]。有较多学者认为新冠疫情暴发对半导体产业贸易产生了较大的冲击，据Accenture（2020）①统计，没有任何一个行业能够免受新冠疫情的影响，半导体行业也不例外。在疫情的高峰期，全球半导体行业的收入预测比2020年整体减少550亿美元[18]。由于疫情全面暴发导致全球性的封锁，部分芯片制造工厂被迫关闭，使半导体生产和库存枯竭，从而导致半导体产业供应链断裂[19]。部分汽车制造厂由于无法及时获得必要的芯片供应和交付导致2020年损失数十亿元[10]。Moktadir等（2024）表示新冠疫情、俄乌冲突、中美贸易摩擦以及当前碳排放的政策均会使全球半导体产业供应链更加脆弱，他们通过构建DFS-WINGS模型分析，结果显示地缘政治局势紧张和自然灾害是对半导体产业贸易造成冲击的两大首要因素[20]。除此之外，部分学者认为中美之间持续的地缘政治紧张局势也是造成半导体贸易风险的主要因素之一。Wong和Russell（2024）研究表明中美贸易紧张局势的出现扰乱了全球格局，给韩国和中国台湾等地区的半导体公司带来两难境地，加剧了半导体产业链贸易面临的风险[21]。Applied Materials（2022）指出美国对中国的出口管制导致全球最大的半导体设备公司2023年的财政收入预计减少4.9亿美元。大量资金流失导致高技术企业科技研发受到阻碍，从而影响整个半导体产业链的可持续发展[22]。

2.2 国际贸易网络及供应链网络风险传播研究

2.2.1 半导体产业贸易网络的研究

网络也被叫作"图"，1735年大数学家欧拉对哥尼斯堡七桥问题的证明被认为是图论研究的起源，随后图论成为复杂网络的研究工具。随着复杂网络理论的不断发展，复杂网络已经被广泛应用于各行各业的研究中，例如生命科学、社会科学、经济学等。早在2003年，Serrano和Boguna（2003）开始针对贸易网络进行建模并运用复杂网络统计指标对网络格局进行分析，得到国际贸易网络具有小世界、高聚类的特性。之后陆续有学者将复杂网络方法应用到国际贸易的研究中[23]。

---

① Accenture是全球最大的上市咨询公司，立足商业与技术的前沿，业务涵盖40多个行业，凭借独特的业内经验与专业技能，以及领先全球的交付网络，为客户提供战略、咨询、数字、技术和运营服务及解决方案。

近年来，通过复杂网络方法对半导体产业贸易网络的研究越来越丰富，研究内容主要集中在半导体产业贸易网络格局及演化、重要国家（地区）在贸易中的地位以及网络结构稳定性等。早期的研究学者将目光主要聚集在全球电子信息产业，高菠阳和李俊玮（2017）总结了全球电子信息产业的贸易网络演变模式，认为经济全球化促进了贸易、生产、人才、资本等要素的流动，从而带动了网络的发展[24]。王倩倩等（2019）和刘清等（2021）均就全球手机贸易网络的结构演化以及供需关系进行了研究[25, 26]。此外，还有部分学者将类似电子信息产业和高技术产业作为研究对象，主要关注的都是贸易网络的整体格局和演变特征。段德忠和杜德斌（2020）通过构建贸易网络，对全球高科技产品贸易结构的演化进行分析[27]。成丽红和孙天阳（2021）以电子信息产业为研究对象，在行业层面研究其贸易网络的演化特征和演化模式[28]。陈小强等（2022）对比了中美两国不同阶段高技术产品贸易网络的演变特征及贸易网络演化的趋势[29]。曲如晓和李婧（2020）、罗超亮等（2022）均将目光聚焦在新兴高技术产业的全球贸易网络的演化研究[30, 31]。随着中美战略竞争加剧，不少研究学者开始将视线聚焦于半导体产业，关注全球半导体贸易网络的结构及演化特征。祁欣（2023）将复杂网络模型与计量模型相结合，研究集成电路贸易网络地位对经济增长的驱动影响[32]。李庭竹和杜德斌（2023）以集成电路产品为研究对象，对全球贸易网络的空间结构演变以及国家（地区）位置变动进行分析[33]，此外他还揭示了中国与其他国家（地区）在集成电路贸易网络中相互依赖关系[34]。随后，Zhang和Zhu（2023）[35]以及任亚文等（2023）[5]将研究对象范围拓宽到半导体产业链，主要研究全球半导体的网络结构演化以及稳定性等问题。何明珂（2023）基于理论分析对当前全球半导体供应链的重构进行了深入探讨[36]。

2.2.2　半导体贸易网络风险传播研究

风险在国际贸易中存在传播效应，贸易网络中单个节点或者少数节点产生风险会影响网络中的其他节点，一个国家（地区）出现危机进而影响到其他国家（地区）的动态传播过程也迫切需要了解，为此有学者开始关注贸易风险的研究。

传统的半导体网络风险分析主要是基于静态的分析视角，通过评估贸易中的某个国家（地区）或某个环节的风险程度，对整体的贸易网络风险进行评价。Matsuo（2015）以日本的半导体产业链因地震而中断为例，对半导体贸易网络的风险传播进行了研究，强调了供应链中断的影响力[37]。黄烨菁等（2022）分别对中国集成电路产业跨国供应链上中下游网络的网络密度以及节点中心性进行了分析比较，来衡量三个网络的稳定性和抗风险能力[7]。Varas等（2021）通过构建半导体产业供应链风险评估模型模拟不同情境下的供应链表现，研究表明自然灾害、地缘政治冲突等不确定性因素是全球半导体产业贸易风险的主要影响因素[16]。Zhang和Zhu（2023）构建了代表芯片产业价值链各个部分的网络，分析了网络规模和密度，从而分析各环节网络的抗风险性[35]。Rinaldi和Bottani（2023）利用基尼系数和依存度指数来审视全球半导体贸易流量、依存关系，从而衡量半导体产业网络贸易风险程度[38]。

然而，贸易风险在半导体产业贸易网络中存在着动态传播的效应，基于此，学者们逐渐关注到贸易网络的风险传播问题。当前已有的研究主要聚焦于风险在单层网络上的动态传播，Jeong和Robertson（2023）针对半导体制成品、制造设备和制造材料构建网络，通过选择移除中国、中国台湾等关键节点和连边来测算中美贸易摩擦对全球半导体产业贸易格局的风险传播影响[39]。王华和李龙（2025）分别构建半导体产业中涉及的半导体制成品、半导体制造材料和半导体制造设备贸易网络，并通过随机攻击和蓄意攻击两种仿真研究半导体贸易网络风险传播范围和崩溃的临界点[40]。Yu等（2024）主要针对半导体制造材料网络进行研究，评估了稳定情况下网络的结构弹性并对网络进行外部攻击，分析了四种不同攻击策略下网络风险的传播范围[41]。

风险传播是响应网络上的动态蔓延过程，需要动态的过程模拟。诸多学者通过自举渗流模型、级联失效模型、传染病模型等动态模型模拟在国际贸易中的系统性风险连锁反应。即当风险的影响超过一个国家（地区）能承受的风险能力时，这个国家（地区）也会变成传染源，并将风险继续传播等[42]。级联故障模型是一种过载机制，其中网络中的一个或者多个节点或连边发生故障时，由节点（边）之间的耦合关系而导致其他节点（边）失效，从而导致连锁反应，最终导致一大部分或整个网络崩溃[43]。早期研究重点主要聚焦在单层网络上的级联故障建模问题。两层以及多层耦合网络上的级联故障的研究才刚起步[44]，研究视角较多都是从静态角度分析两层网络因相互影响而触发的级联故障现象[45]。王英聪和肖人彬（2020）从欠载失效、负载容量上下限和负载充分配方面提出了更适合供应链网络的级联失效模型，同时研究了模型中的各参数对级联失效的影响[46]。随后，李姝等（2021）提出了一种多层供应链网络混合失效模型，对供应链网络的欠载和过载级联失效过程进行了探讨。此外，不少学者将该模型应用到贸易网络的风险传播中[47]。已有很多学者将该模型运到全球贸易网络供应危机传播的研究中，Watts（2002）通过级联故障过程模拟危机的蔓延对全球天然石墨贸易网络的影响，并在真实网络中分析这些风险的影响。结果表明，中国、美国、德国和印度的影响较大[43]。Hu 等（2020）基于级联故障的多重冲击模型进行仿真，模拟中国禁制令对全球铜原材料贸易网络和全球铜废料贸易网络的影响[48]。

2.3　复杂网络拓扑结构相关研究

2.3.1　节点重要性评估方法

在贸易复杂网络中，不同节点在网络上的贡献具有明显差异。从不同类型重要性定义的角度出发，国内外学者提出了多种节点重要性评价的方法。在对网络的拓扑结构进行分析时，根据不同的研究重点，将节点的度、加权度、聚类系数、中介性、中心性等作为节点的重要性评价指标。

在节点重要性评估方法的相关研究中，可将节点重要性评估方法分为三类。首先是以复杂网络拓扑结构相关指标作为节点重要性的度量，如上文提到的节点的度、加权度等。也有学者基于这些基本的统计指标提出局部或者全局的统计指标。如 Chen 等（2013）提出了改进的度排序算法，通过考虑节点的四阶邻居节点的相关信息提出半局部中心性作为节点重要度的度量[49]。其次是居于系统分析的节点重要性评估方式，其核心思想是通过节点失效后对网络结构的破坏程度来度量该节点的重要性，去除节点后网络崩溃规模越大，代表该节点越重要[50]。最后是以 PageRank 算法[51]和 LeaderRank 算法[52]为代表的信息搜索算法，PageRank 算法是 Google 早期提出的网页重要性评估算法，通过计算网页的 PageRank 值来评估网页重要度；而 LeaderRank 算法则是基于 PageRank 算法改良而来的，考虑了网页主题的相关性问题。

2.3.2　复杂网络的社区结构及发现算法

在研究不同的复杂网络时，复杂网络的社区结构有着不同的意义。许多学者借助多种复杂网络模型，研究生态网络、互联网网络、社会网络等实际网络的社区结构。Saito 等（2010）在研究生态网络时通过划分社区发现，统一社区内的生物之间往往存在紧密的相互依赖和交互关系，并且具有相似的生活习性，为某一种生物的研究提供了更多研究资料[53]；Dutta 等（2018）在研究互联网网络的社区结构中发现了多数存在着相关主题的网页页面和信息，并且社区与社区之间的联系也揭示了不同主题的信息相互关联的路径[54]；Zhukov 等（2021）认为，在社交网络中每个人都有着自己的主要社区，并且各个社区之间也有所联系，这对人类社会的形成和规律有重要研究意义[55]。因此，深入根系研究半导体产业贸易网络社区演化趋势对于把握半导体产业供应安全和供应趋势有重要意义。

社区发现算法的目的就是根据网络中节点的链接状态进行聚集状态分析，即网络聚类方法。随着近年来互联网的高速发展和移动终端的普及应用，复杂网络的种类和规模得到了快速发展与变化。传统的方法并不能既快速又准确地对大规模复杂网络进行社区划分，因此如何在保持社区发现有效性的同时，设计出高效的社区发现算法显得尤为重要。很多学者对传统的社区发现算法提出优化，Berlingerio 等（2013）考虑到图的多维结构，设计了多维网络中基于频繁模式挖掘的社区发现器（ABACUS），该算法基于单维社区中提出频繁闭项集来确定多维社区资格[56]。Rossetti 和 Cazabet（2018）旨在展示动态社区发现的独特特征和挑战，由于节点和边是可变的，它们的存在或不存在会深刻影响组成它们的社区结构[57]。Yu 等（2021）开发了一种新颖的动态社区检测算法，通过利用简洁网络表示方法中存在的编码—解码方案通过公共低维子空间重构每个快照，在很大程度上减轻了社区的不稳定性[58]。

2.4　文献评述

现有的文献针对半导体产业贸易网络的格局演变、全球半导体产业贸易网络的抗风险性以及半导体产业贸易网络供应风险传播等方面进行了研究，为本书研究的顺利开展打下了良好的理论与方法基础。但是当前复杂的国际局势和各国半导体产业日益竞争激烈的现状，针对多层复杂网络的全球半导体产业链贸易风险传播的理论和方法仍需要结合当前全球半导体产业的格局和特征进一步深化和拓展，具体评述如下：

（1）当前已有很多学者将复杂网络应用到半导体产业的研究中，但其研究大多数仅集中在半导体产业的单个环节或者部分产品，没有考虑半导体全产业贸易网络的格局演变和贸易流动。而从全产业结构研究半导体产业贸易网络的格局演变和社区结构可以丰富复杂网络在全球半导体全产业贸易的研究的理论基础。因此，本研究将分别构建半导体制成品、半导体制造设备和半导体制造材料贸易网络，分析其网络结构和社区演变，并在多层网络的基础上搭建全产业链之间贸易联动的多层网络，以便揭示其贸易风险传播的规律。

（2）现有的文献对半导体产业风险传播的相关问题已经开始研究，为本书研究剖析在复杂的国际局势下，揭示全球半导体产业贸易网络的风险传播规律提供了方法和很多参照依据，但针对当前研究仍有部分需要拓展的地方。首先，针对半导体产业贸易网络风险传播的研究主要集中在分别对各环节单层网络的研究，当前的研究中缺乏产业链各环节产品耦合网络的风险传播研究。其次，在现有的研究中大部分均使用静态指标体系对其贸易风险进行评估，从而忽略了风险的动态传播性。当前已有很多学者将级联失效模型、传染病模型等运用到风险传播的研究过程中，因此，本研究尝试在半导体全产业链多层网络构建传染病模型，揭示其贸易网络的风险传播规律。

3　理论基础与机理分析

本章主要对实证分析部分所涉及的相关理论及风险传播的机理分析进行介绍。该章节主要分为两个部分，第一部分首先涉及理论基础，主要从三个方面进行介绍，分别是复杂网络理论、产业链风险传播理论以及系统动力学理论。第二部分则介绍了半导体产业链贸易风险传播的机理，分别从半导体产业链贸易风险的诱发因素和PSR模型机理分析两方面进行阐述。

3.1　复杂网络理论

复杂网络的相关研究最早来源于数学中的图论与拓扑学，而最为知名的"哥尼斯堡七桥问题"引出了图论和拓扑两个分支学科，此后在20世纪60年代，匈牙利数学家Erdos和Renyi提出了随机图理论，为复杂网络的系统性研究拉开了序幕[50]。此后以系统性视角去研究复杂网络成为一个新的研究方向。本书将从网络的表示方法、拓扑特征以及多层网络三个方面对复杂网络理论进行介绍。

3.1.1　网络表示方法

网络是一些通过节点链接起来的对象集合，链接也可以称为边，链接的对象则为节点或者顶点。由连边和节点的集合共同构成的系统称为图，用$G(V, E)$表示。其中，V表示点的集合，E表示边的集合。此外，点和边之间也能互相表示，以i和j为节点的边可以表示为(i, j)。

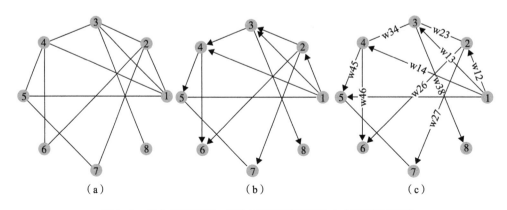

（a）　　　　　　　　　（b）　　　　　　　　　（c）

图3-1　无向无权网络、有向无权网络和有向加权网络示意图

在复杂网络中，根据网络中边的方向和权重的存在性可以进一步细分网络的类型。首先，无向无权网络中的边没有方向且对称，其中 $(i, j)=(j, i)$，如图3-1（a）所示。设网络中的节点数量为N，邻接矩阵 $A=\{a_{ij}\}_{N \times N}$ 用来表示无向无权网络，若节点i和j之间存在连边，则矩阵元素 $a_{ij}=a_{ji}=1$，否则为0。其次，当网络中包含由起点指向终点的边，则构成了有向无权网络，如图3-1（b）所示，有向无权网络用不对称的邻接矩阵 $A^*=\{a_{ij}^*\}_{N \times N}$ 表示，当矩阵元素 $a_{ij}^*=1$ 时，表示从i节点指向j节点的边。最后，在有向加权矩阵的基础上，对网络中的各边赋予权重后，得到如图3-1（c）所示的加权网络。结合边的方向性，又可细分为无向加权网络和有向加权网络，分别用对称权重矩阵 $W=\{w_{ij}\}_{N \times N}$ 和非对称权重矩阵 $W^*=\{w_{ij}^*\}_{N \times N}$ 表示，矩阵元素 w_{ij} 和 w_{ij}^* 均包含了边的权重信息。

根据前文所述，网络的表达类型可以划分为无向无权网络、无向加权网络、有向无权网络和有向加权网络四类，这些网络分别适用于不同的现实场景。当一条连边的两端连接了同一个节点，则称其为自环。两个节点之间存在多条连边被称为重边。在本书的网络构建中，默认不存在重边和自环。

3.1.2　网络的拓扑特征

复杂网络的统计特征往往包含了网络节点及其连边的相互作用信息，众多学者在研究网络结构的统计特征时提出了诸多概念和方法。例如，全局特征、节点排序特征和社团结构特征等。这些统计特征在复杂网络研究中被称作网络的拓扑特征。下文简述了它们的概念及统计特征的意义。

3.1.2.1　网络的全局特征

除了对单一的网络要素进行特征构建，复杂网络还可以通过构建全局特征来描述网络的整体特性，以下指标均可以对网络的整体特征进行评价[59]（表3-1）。

表3-1　复杂网络全局特征含义及公式

网络全局特征	含义	公式
平均路径长度	平均路径长度指的是任意两个节点之间距离的平均值，是对网络通畅度的度量。平均路径长度越短，间接表示国家间贸易的效率越高	$L=\dfrac{2}{N(N-1)}\displaystyle\sum_{i \neq j} d_{ij}$

网络全局特征	含义	公式
平均度	平均度指的是网络中所有节点度的平均值，反映网络的总体连接情况，即网络中节点平均有多少条边。平均度越高，意味着网络中节点之间的连接越密集	对于无向网络： $$\langle k \rangle = \frac{2M}{N} = \frac{1}{N}\sum_{i=1}^{N} k_i$$ 对于有向网络： $$\langle k_{in} \rangle = \langle k_{out} \rangle = \frac{M}{N}$$
平均加权度	平均加权度是在加权网络中使用的度量，考虑了边的权重。 加权网络中的每条边都具有一个权重值（表示两节点之间的连接强度）。 节点的加权度是指与该节点相连的所有边的权重之和。 平均加权度则是所有节点加权度的平均值	对于一个加权网络，其中节点i的加权度为： $$s_i = \sum_{j \in \text{ neighbor of } i} w_{ij}$$ 网络的平均加权度则为： $$\langle s \rangle = \frac{1}{N}\sum_{i=1}^{N} s_i$$
网络密度	网络密度用于测量网络节点之间关系的紧密度。 密度越大，网络中个体之间的关系越紧密。网络密度测度网络的规模，在贸易网络中反映贸易规模	$$\rho = \frac{M}{N(N-1)}$$
平均聚类系数	节点的聚类系数反映节点与多个相邻节点之间的关系，平均聚类系数是所有节点的平均聚类系数。表示网络中各节点之间的紧密程度，平均聚类系数越大则网络节点越紧密	$$C = \frac{\sum_{i=1}^{N} \frac{2 \cdot e_i}{k_i(k_i-1)}}{N}$$
网络直径	网络直径是指网络中任意两个节点之间最短路径中最长的那一条路径的长度。直径反映了网络中信息传播的最大距离，是网络全局连通性的一个重要指标。直径越小，说明网络越紧凑，节点之间的连接越便捷	$$D = \max_{i,j \in V} d(i,j)$$

在以上计算公式中 N 表示网络中的节点数，M 则表示网络中的连边数。节点 i 的度计为 k_i，e_i 表示节点 i 的 k_i 个邻居节点之间实际存在的连边数，$d(i, j)$ 表示节点 i 与节点 j 之间的最短路径，V 是网络中所有节点的集合。

3.1.2.2　节点的排序特征

1. 网络节点的度与度分布

度（Degree）是节点属性中简单而重要的概念，无向网络中节点的度是该节点相连接的边的数量，用 K_i 表示。有向网络中一个节点的度可以分为入度（in-degree）和出度（out-degee），节点的入度是指从其他节点指向该节点的边的数目，记作 K_i^{in}。节点的出度则是指从该节点指向其他节点的边的数目，记作 K_i^{out}。而针对有向加权网络，通过增加对其连边权重 w_{ij} 和 w_{ji} 的考虑，节点的入度和出度可以分别扩充为

加权入度 WK_i^{in} 和加权出度 WK_i^{out}。

$$K_i = K_i^{in} + K_i^{out} \qquad\qquad 公式（3-1）$$

$$K_i^{in} = \sum_{j=1}^{N} a_{ji}; \; (a_{ji} \in \{0, 1\}, i \neq j) \qquad\qquad 公式（3-2）$$

$$K_i^{out} = \sum_{j=1}^{N} a_{ij}; \; (a_{ji} \in \{0, 1\}, i \neq j) \qquad\qquad 公式（3-3）$$

$$WK_i^{in} = \sum_{j=1}^{N} w_{ji} a_{ji}; \; (a_{ji} \in \{0, 1\}, i \neq j) \qquad\qquad 公式（3-4）$$

$$WK_i^{out} = \sum_{j=1}^{N} w_{ij} a_{ij}; \; (a_{ij} \in \{0, 1\}, i \neq j) \qquad\qquad 公式（3-5）$$

在上述公式中，N 为网络中的节点总数，当节点 i 与节点 j 之间存在连边时，$a_{ij} = 1$，否则 $a_{ij} = 0$；当节点 j 与节点 i 之间存在连边时，$a_{ji} = 1$，否则 $a_{ji} = 0$。

在全球贸易复杂网络中，节点的度代表节点国家（地区）在该种贸易中的贸易对象的总数量。相应地，节点的入度指该节点的进口来源国（地区）数量，节点的出度指其出口对象的数量。对于参与全球半导体产业贸易的节点国家（地区）来说，其节点的度越大，代表其在网络中的贸易伙伴越多，在网络中的结构影响力相对越大。

在确定了网络中的各个节点的度值之后，将网络中节点的度按照从小到大的顺序进行排序，进而就可以统计得到度为 K 的节点 i 占整个网络节点数的比例 p_i，从概率统计的角度来看，p_i 可以看作网络中任意一个随机选择的节点度为 K 的概率，这就是网络的度分布（degree distribution），计算公式如下：

$$P(k) = \frac{n_k}{n} \qquad\qquad 公式（3-6）$$

由于半导体产业在全球生产的分布较为集中，导致各种相关产业的贸易结构呈现出严重的不均衡状态，对其度分布进行刻画可以对全球半导体产业贸易网络结构的总体情况进行直观的展示。

2. 节点的度中心性

在复杂网络节点重要性研究中，根据节点在网络中的拓扑结构特征提出了多种对于节点重要性的评价指标。其中，节点的度中心性是指节点的度与最大连接数的比值，用来衡量一个节点在网络中的相对连接紧密程度，值越大则表示该节点越处于中心地位。在全球半导体贸易网络中，中心性越高的节点，其对贸易网络的拓扑结构稳定性贡献越大。计算公式如下：

$$DC_i = \frac{k(i)}{N-1} \qquad\qquad 公式（3-7）$$

其中 $k(i)$ 表示节点 i 的度，N 为网络中的节点总数，$N-1$ 则表示一个包含 N 个节点的网络中节点最大可能的度值为 $N-1$。

3. 节点的介数中心性

介数中心性是以经过网络中某一个节点的最短路径的数目来刻画节点重要性的一个指标，即网络中的一个节点介数中心性越大表示该节点对于网络中链路的连通性有着越重要的中介作用，大量的路径通畅依赖于该节点的有效中介。因此，节点的介数中心性能够进一步评估全球半导体产业贸易网络中关键节点在贸易链、产业链中的重要性。计算公式如下：

$$c_B(v) = \sum_{s,t \in V} \frac{\delta(s,t|v)}{\delta(s,t)} \qquad \text{公式（3-8）}$$

式中，v 为节点的集合，$\delta(s,t)$ 为所有节点对之间最短路径的条数，$\delta(s,t|v)$ 为所有经过节点 v 的最短路径的条数。

4. 节点的接近中心性

节点的接近中心性是在复杂网络中用于刻画网络中的节点通过网络到达网络中其他节点的难易程度，表示一个点与网络中所有其他点的最短路径距离之和。即网络中一个节点的接近中心性越大意味着该节点越容易与其他节点产生联系。计算公式如下：

$$CC_i = \frac{(N-1)}{\sum_{j=1,j \neq i}^{N} d_{ij}} \qquad \text{公式（3-9）}$$

5. 节点的特征向量中心性

特征向量中心性可以看作权重中心度，以相邻节点的影响为权重，根据相邻国家的影响来衡量一个国家的重要性。值越大代表全网络参与者的影响力越大，其计算公式如下：

$$AX = \lambda X, \qquad \text{公式（3-10）}$$

$$\lambda_i x_i = a_{1i} x_1 + a_{2i} x_2 + \cdots + a_{ti} x_t + \cdots + a_{ni} x_n, i \neq t, \qquad \text{公式（3-11）}$$

$$C_{(e)i} = \lambda_i \qquad \text{公式（3-12）}$$

其中，A 是网络的邻接矩阵，λ 是一个常数。

3.1.2.3 网络的社团结构

随着诸多学者对复杂网络的深入研究，越来越多关于网络的性质开始被挖掘。其中有一项很重要的研究是，Girvan 和 Newman（2002）指出复杂网络中普遍存在着聚类特征，并基于边介数提出了 GN 算法[60]。该算法的计算准确度比较高，社区发现算法比原有的一些方法更有效，计算的复杂度也更高，不适合大规模的复杂网络。自此复杂网络的社区发现算法研究吸引了大量复杂网络领域学者的广泛关注，产生了大量的相关算法研究。

从复杂网络社区发现算法思想来划分，主要分为凝聚式算法和分裂式算法。凝聚式算法的中心思想是首先寻找网络中的最中心节点，将其作为原始社区，然后一次凝聚它周边的节点到自己的社区，通过模块度或者节点相似度判断凝聚是否合理。分裂式算法的中心思想则相反，首先将整个网络看作一个社区，然后通过寻找最可能为社区之间的边，来不断分裂出子社区，以此来达到社区划分的目的。除了算法的思想不同，在对待社区划分的原则上，可以分为非重叠社区划分和重叠社区划分。传统的非重叠社区划分将每个节点限定在一个社区内，但是很多情况下统一节点可以同时隶属两个或多个社区，因此大量学者开始关注重叠社区划分算法。2004年，Newman提出了模块度（Modularity）的概念，是一种判断社区结构划分质量的度量，通过模块度的最大化，能够获得复杂网络社区的最优划分[50]。其在2006年对模块度进行改进，使之成为一个衡量网络社区划分优劣的评价指标，模块度越大说明对应的社区划分越合理，其计算方式为：

$$Q = \frac{1}{2m} \sum_{vw} \left[A_{vw} - \frac{k_v k_w}{2m} \right] \delta(c_v, c_w) \qquad \text{公式（3-13）}$$

A_{vw}和$\delta(c_v, c_w)$均为决策变量，代表节点v和节点w之间是否连接的情况和是否同在一个社区的情况；k表示节点的度；m表示网络中总的连边数；模块度Q的取值范围在−0.5和1之间，当Q值在0.3和0.7之间时，说明聚类效果较好。

在使用真实的网络进行建模的过程中，学者们发现多数复杂网络存在社区结构，且很多社区都存在着重叠现象，因此必须对这样的社区情况进行深入的探讨。在重叠社区划分的各种算法中，主要可划分为基于派系过滤算法、基于链接划分的方法、基于局部扩展的方法、模糊聚类方法等。Palla等于2005年提出派系过滤算法（Clique Percolation Method，CPM），该算法通过搜索所有相邻的团来划分社区的结构[61]。基于链接划分的方法的算法则是对网络中连边进行硬划分，将网络中的节点用连边取代。在基于局部扩展的方法中，以LFM算法（Local Fitness Maximization）为典型的算法，从任意一个种子节点开始凝聚附近节点形成社区，利用适应度函数进行局部最优化。模糊聚类方法利用Infomap算法得到原始社区划分，然后将原始社区划分作为输入搜索出重叠节点。

社团发现就是一种利用拓扑结构中所蕴藏的信息，从网络中解析出其模块化的社团结构，并进一步探究复杂系统的组织原则、拓扑结构以及动力学特性的方法。如图3-2所示，不同颜色的点表示不同的社团整个网络可以划分为多个重叠或不重叠的社团，其划分原则：社团间的链接相对稀疏，而社团内部的链接相对紧密。

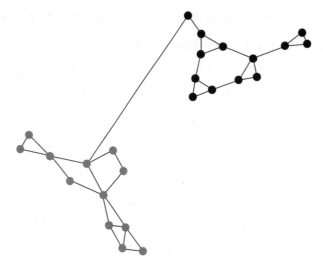

图 3-2　社团结构示意图

3.1.3　多层复杂网络理论

传统复杂网络理论研究范式是对现实系统的直接映射，将系统中的每一个单元映射成复杂网络的节点，将各单元之间的影响关系映射成网络的连边，有些现实系统中各单元之间的影响是相互的，则一般采用无向复杂网络模型进行映射，当这种影响能够量化并有严格的方向性时，则对网络的连边进行赋权和有向化，成为有向加权的复杂网络模型。随着学者们研究对象系统的复杂程度不断提高，这种单层复杂网络模型的不足之处不断显现，因此复杂网络模型的多层立体化发展受到诸多学者的广泛关注。

多层复杂网络模型相较于传统单纯复杂网络模型将简单系统的映射扩展到多维度，其核心思想是通过每层网络来描述复杂系统中的一种连接属性，根据研究需要不断扩充网络维度，然后根据复杂系统各维度属性之间的联系将各层网络进行组合连接，使其结构可以充分完整地展示，以便在后续研究中能够保留更多的信息。近年来，国内外学者在多层网络的建模研究上颇有建树，多层复杂网络模型在多个学科领域也展现了丰富的研究成果，其理论系统得到了充分的完善。现有的典型的多层网络模型概念主要包括"网络的网络"[62]、多维网络[63]、多级别网络[64]、多重网络[65]、交互网络[66]、时序网络[67]等。

3.2 产业链风险传播理论

3.2.1 产业链风险传播机制

传播风险的过程主要涉及四个关键要素：风险源、传播载体、传播节点和风险接受者。其中，半导体产业链的风险传播主要是由于风险因素对不同产品贸易环节的影响而触发的，通过多种形式的风险载体传播到产业链的各个环节的不同节点上。这些节点不仅可以作为风险传播的节点，还可以成为风险的被动接受者[68]。对于以上的四个关键要素具体定义为：

风险源：半导体产业链的风险源可以分为外部环境的变化和内部因素的冲击，这些因素的存在会对半导体产业链的运行产生重大影响。

传播载体：根据形态对传播载体进行分类，一般可以分为显性载体和隐性载体。显性载体包含信息、资金和物流等；隐性载体通常是指在风险转移的过程中产生的各种外部影响，而这些风险并不是以物质性为表现形式。

传播节点：传播节点是风险传播的关键环节。由于风险源的复杂多变，参与半导体产业链的任何交易国（地区）均有可能成为传播节点。当风险因素由量变转化为质变时，半导体产业链上的节点国家（地区）面临着前所未有的挑战，它们无法按照正常的参与半导体产品的生产，这导致了半导体产业链的风险爆发。

风险接受者：参与半导体产业链的任何贸易国（地区）均有概率成为贸易风险的接受者。在半导体产业链贸易风险传播的过程中，当贸易风险的影响程度超过了该贸易国（地区）抵御半导体贸易抗风险的能力时，该贸易国（地区）就变成风险的接受者。

3.2.2 产业链风险传播的特点

半导体产业链的风险传播具有双向性、确定性以及随机性。双向性即半导体产业链贸易风险既可以从上游传播到中游再传播到下游，也可以从半导体产业链的下游传播到中游再传播到上游。确定性即由于半导体产业链的连续性和稳定性，它的风险传播路径可以通过对其上、中、下游的运营顺序进行梳理和分析，从而形成一种固定的链式结构，从而使得风险传播的路径更加明确和可控。随机性即指风险传播过程中风险是否继续传播具有随机性，随机性决定了风险传播过程中的影响程度、影响范围以及影响持续的时间。

3.3　系统动力学理论

系统动力学是以反馈控制理论为基础，运用计算机仿真技术模拟建立出各个要素内部互相作用的计量模型，通过提前干预等相关措施，使整个系统处于效率最大化的模式中。在研究复杂网络时，通常用系统动力学探索网络的具体传播机制，因此得出提前规避风险的各项措施。研究中有三种模型被广泛应用。

3.3.1　SI模型

SI模型有两种不同状态的网络节点，即易感染节点（S）以及已感染节点（I）。当病毒将复杂网络中的一些节点感染后，此类节点就会变成传播源，与其相近的易感染节点（S）被病毒感染的概率为γ。而一旦节点被感染，易感染节点（S）就会变为已感染节点（I）。其他易感染节点（S）又将会面临被感染风险。该模型公式如下：

$$\begin{cases} \dfrac{ds(t)}{dt} = -\gamma i(t)s(t) \\ \dfrac{di(t)}{dt} = \gamma i(t)s(t) \end{cases} \qquad 公式（3-14）$$

公式（3-14）中的$s(t)$和$i(t)$分别表示在t时刻处于S、I状态的节点个数占全部节点的比例。

3.3.2　SIS模型

SIS模型同样有两种不同状态的网络节点，与SI模型不同的是，当易感染节点（S）被感染成已感染节点（I）后，已感染节点（I）在传播病毒的同时有可能被治愈，被治愈的概率为μ。该模型公式如下：

$$\begin{cases} \dfrac{ds(t)}{dt} = -\gamma i(t)s(t) + \mu i(t) \\ \dfrac{di(t)}{dt} = \gamma i(t)s(t) - i(t) \end{cases} \qquad 公式（3-15）$$

3.3.3 SIR模型

SIR模型中加入了免疫节点（R），当已感染节点（I）在被治愈后变成了免疫节点（R），且在一定时间内都不会被感染，本身也不再具有传染性，被称为免疫状态。此时，网络中易感染节点（S）不断减少，被感染的节点也随之减少，当一段时间后，所有的节点都将处于免疫状态，感染传播就此终止。该模型公式如下：

$$\begin{cases} \dfrac{ds(t)}{dt} = -\gamma i(t)s(t) \\ \dfrac{di(t)}{dt} = \gamma i(t)s(t) - \mu i(t) \\ \dfrac{dr(t)}{dt} = \mu i(t) \end{cases} \qquad 公式（3-16）$$

公式中的 $r(t)$ 表示R状态的节点个数占全部节点的比例。

3.4 半导体产业链贸易风险传播机理

3.4.1 半导体产业链贸易风险传播的诱发因素

半导体产业链贸易风险传播过程是内部和外部复杂因素共同作用的结果，因此，半导体产业链贸易风险传播机制也分为外部诱发因素和内部诱发因素两部分。半导体产业链贸易风险诱发机制框架图如图3-3所示。

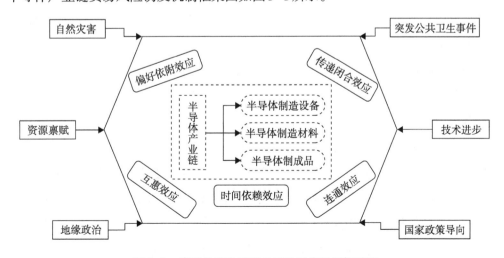

图 3-3　半导体产业链贸易风险诱发机制框架图

从图3-3可以看出，半导体产业链贸易风险的外部诱发因素主要体现在自然灾害、资源禀赋、地缘政治、国家政策导向、技术进步和突发公共卫生事件六个方面。自然灾害是影响半导体产业供应链安全最常见的原因之一，灾难发生后，半导体制造材料生产环节设施经常会发生中断以及公路、铁路或港口的损坏导致其运输受阻或者中断[69]，严重的会影响整个产业链的安全。资源禀赋是衡量一个国家半导体产业安全性的一个重要指标[70]。由于资源分配不均以及技术壁垒的问题，导致半导体产业的全球进口区域集中度较高，大大地影响了半导体的供应安全。全球半导体产业的供应安全引起广泛关注的一个重要原因是半导体制造材料以及半导体制造设备的供应均高度集中在少数西方发达国家（地区），其控制着全球近一半的供应量。地缘政治因素包括国内政治稳定和政治关系稳定两个维度[71]。生产国（地区）政治不稳定容易引起全球主要供应商的断供，而不稳定的政治关系和贸易摩擦会提升贸易成本，增加不确定性从而增加贸易风险[72]。此外，恐怖事件、局部战争、政治动荡以及外交关系破裂会严重影响半导体产业链网络的稳定性。国家政策导向也会对半导体产业贸易带来积极或消极的影响，为应对全球气候变化，各国采取低碳减排政策，新能源汽车被认为是实现该政策的有效途径，芯片作为新能源汽车发展的重要环节，导致各国对半导体产品的需求增加，从而影响了半导体产业链的供应。技术进步和突发公共卫生事件也是影响半导体产业发展的重要因素。

除了外部诱发因素外，半导体产业链贸易风险的内部诱发因素主要体现在互惠性、偏好依附性、多连通性、传递闭合性和时间依赖性等五个方面[73]。互惠性的形成可以归因于各个参与者的共享信息，这些信息可以帮助它们找到共同目标并促进其达成共赢。互惠性主要体现在两个方面，一方面，参与贸易的两个国家（地区）互为对方的进出口国（地区），从而使两国（地区）产生相互依赖的贸易关系。另一方面，贸易国出口优势产品使国际分工更加合理，形成互惠共赢的依赖关系。即互惠性使贸易参与国（地区）之间的联系更加紧密，这对风险的传导有潜在的影响；陈银飞（2011）的研究表明，偏好依附性是一种网络结构，它涉及新节点和现有节点之间的相互选择[74]。拥有较多联系的节点更容易吸引新的节点，这种偏好依附性会影响贸易网络中的"马太效应"[75]；多连通性和传递闭合性都可以来描述一个复杂的通路，它们都可以通过一个或者更多的第三个节点来建立联系，并可以通过增加一个贸易相互依存的边以达到一个完整的闭合。当两个国家（地区）加入由第三国领先的跨国公司协调的相同全球生产网络时，这个联盟的风险减轻作用将更加显著[76]；时间依赖性是指贸易依赖网络的关系形成和演化表现出一定的路径依赖特性，它不仅具有稳定的发展趋势，还具有可能发生变异的特征。贸易网络的风险传导路径会随着节点间的依赖关系而改变。若有特殊的国际环境变化，各经济体之间的贸易依赖关系可能会受到破坏甚至出现新的依赖关系，从而导致网络关系变异[77]。

3.4.2 半导体产业链贸易风险传播的PSR模型机理分析

全球半导体产业链贸易风险传播机理分析是将贸易风险对全球半导体产业链的冲击看作一个动态的传导过程。由产业链贸易风险诱发因素的产生导致产业链贸易国家（地区）的供需失衡，从而导致贸易风险在产业链贸易网络中进行传播，进而对半导体产业链的生产、消费、技术等产生极大的冲击，最终政府和企业采取调整贸易策略来应对贸易的风险传播。

PSR（Pressure-State-Response）模型是通过利用"压力—状态—响应"逻辑框架系统分析不同因素之间的互动关系以及作用机制。该模型已被广泛应用于金属供应风险问题的研究[78, 79]，而半导体产业与金属供应问题具有一定的相似性。全球半导体产业链贸易风险传播是一个在多因素、多系统交互作用下的结果。首先，地缘政治、自然灾害等诸多贸易风险对半导体产业链贸易网络传播的诱发因素种类繁多。其次，由于全球半导体产业链贸易网络的诱发因素引起供应链中断、生产端、消费端等问题，促使政府与企业共同应对贸易风险的传播。本节基于PRS模型揭示全球半导体产业链贸易风险的传播机理，如图3-4所示。

全球半导体产业链贸易风险内部诱发因素以及外部诱发因素（P）可以通过以下五条路径进行贸易风险传播（S）：

第一条路径是贸易风险可能会影响国内积极的生产活动，从供给侧影响国家（地区）的贸易以及出口形势，从而导致贸易风险的传播。

第二条路径是贸易风险对金融市场的影响显著，而产业转型后的产品在初始期间需要更多的基础设施和技术进步研发成本，这将引起国际贸易价格上涨，随着一个国家（地区）贸易价格上涨，消费者需求下降，导致贸易风险在产业链中传播。

第三条路径是贸易风险导致外汇市场的剧烈波动，降低投资者信心，导致资本外流从而引发经济下滑。消费者购买力下降导致对国家（地区）贸易的依赖减少，加强了贸易风险的传播。

第四条路径是政治风险引发的外部或者内部暴力冲突可能会损害贸易，如延误配送、交通设施遭遇破坏等。而较高的保险费用、更长的贸易路线以及增加的保护货物的人力成本均意味着损害造成贸易成本的增加。面对不断上涨的成本，部分小的贸易商选择退出市场或者需求下降。随着贸易下滑，国民收益和产出均有部分减少，导致进出口进一步减少。政府日益不稳定会使贸易政策面临着不同的变化，进而会增加贸易的成本和风险，导致贸易风险的传播。

第五条路径是当政府外交政策从友好变为敌对时增强了环境的不确定性，政治风险增加。随着政治关系的不确定性增加，双边贸易额会有所下降，甚至在极端情况下，正式的贸易联系可能会完全终止。

综上所述，全球半导体产业贸易风险的诱发因素会从生产活动、金融市场、外汇市场、外交政策、产品运输、产业投资等方面对全球半导体产业链贸易进行传播（S），由于这些压力造成国家（地区）的生产和社会经济损失，因此政府联合企业从直接和间接的角度积极采取贸易调配措施（R）以应对全球半导体产业链的贸易风险。

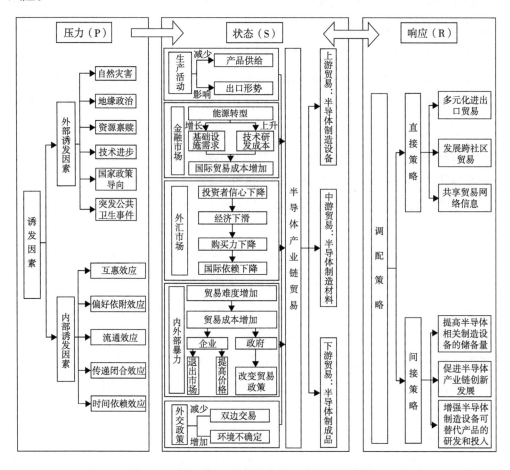

图 3-4　基于 PSR 模型的全球半导体产业链贸易风险传播理论机制

3.5　本章小结

本章围绕研究内容对本书研究的理论基础进行梳理，分别对复杂网络理论、产业链风险传播理论和系统动力学理论进行了详细的阐述。随后，从全球半导体产业链贸易风险的诱发因素和基于PSR模型的全球半导体产业链贸易风险传播理论机制两个方面进行研究。这些理论基础以及理论机制为后续关于半导体产业贸易网络格局的演变分析、半导体产业链多层网络的构建、半导体产业链多层网络贸易风险传播机制研究奠定了理论基础。

4 半导体产业链贸易网络格局演变

从本章开始正式进入全球半导体产业贸易网络的格局演变研究。本书首先对全球半导体产业链贸易数据进行收集并处理，基于复杂网络分析方法分别搭建全球半导体制成品、制造材料、制造设备网络。随后基于第3章中提到的有关节点排序、网络全局特征以及社团结构，分别对各网络进行拓扑特征的分析，并在分析结果中总结半导体产业贸易网络的发展规律。

4.1 数据选取与模型构建

4.1.1 数据来源及处理

半导体是一种基于硅或锗等物质，通过工艺添加少量的杂质改变其电导率而制成的电子元件。产业界所讲的半导体是指"集成电路"和所谓的"光电子、传感器和分立半导体"，主要关注设计、制造和应用环节。本书考虑到数据的可获得性以及产业链对贸易风险冲击的敏感性，选取了半导体产业链中的半导体制造设备、制造材料和半导体制成品三个环节进行研究。本书结合Varas等（2021）[16]，任亚文等（2023）[5]，王华等（2025）[40]相关文献的研究及联合国数据的可用性，识别出半导体贸易中各个环节的关键产品，进而匹配相应的HS（Harmonized System）编码，见表4-1。本书考虑到2008年金融危机、2018年中美贸易摩擦、2020年新冠疫情全面暴发等重要时间点的影响，选取了2008—2022年全球半导体产业链贸易数据。数据来源于联合国商品贸易统计数据库（UN Comtrade），该数据库收录了200多个国家（地区）的33亿条商品交易记录，涵盖了6000多种产品和全球99%的交易。本书基于该数据库交易数据进行处理，用于下文关于半导体产业贸易网络的研究。

表4-1 产业链视角下半导体相关产品

环节	产品	HS编码	具体描述
半导体制成品	半导体电器元件	8541	二极管、晶体管、电子管等类似的半导体器件
	集成电路及微电子组件	8542	处理器、芯片等集成电路成品
	固态非易失性存储器件	852351、852352、852359	内存、U盘、固态硬盘、DRAM等
	半导体开关元件、传感器等	854130	半导体及可控硅开关、半导体基传感器等
	其他电路元件	8533、8534	电容、电阻、印刷电路板等
半导体制造材料	硅等原材料	3818、280461、280490	单晶硅切片、高纯度硅、化合物硅晶等
	稀有气体（氮气）	28430	生产用氮气
	稀有气体（其他）	280429	氩、氖、氙等其他稀有气体
	光刻胶	370710	感光乳液剂等
	光学元件	900120、900190、900220	偏光板、滤光片等
半导体制造设备	晶圆制造设备	848610	晶圆加热、研磨、抛光等设备
	半导体制造精密设备	848620	光刻机、刻蚀机、离子注入机等
	平板显示器制造设备	848630	沉积装置、清洗机等
	半导体装配和加工专用设备	848640	制作和修复掩膜版或投影掩膜版的装备，IC工厂专用自动搬运机器人等
	其他设备零配件	848690	制造半导体器件或集成电路用光刻设备用零件等
	掩膜版等	900290	掩模版及其他光学仪器用元件
	半导体检测设备	903082、903141	用于检验半导体晶圆、器件等

4.1.2 半导体产业链贸易单层网络的构建

本节利用复杂网络中的社会网络分析方法，基于第3章理论基础部分的网络表示方法处理数据，分别构建三个环节的贸易网络。

以某一年的贸易数据为例，构建参与全球半导体产业贸易的国家（地区）交易流矩阵G，构建有向加权的全球半导体贸易网络，将该矩阵记为$G=(V, W, A)$。其中，V表示半导体产业链贸易网络中的节点集合；W表示半导体产业链贸易网络节点之间所有连边权重的集合；A代表邻接矩阵，即两个节点是否存在贸易关系，若节点i与节点j在该年存在贸易往来记录，则矩阵A中的元素a_{ij}赋值为1，否则为0。

半导体产业链贸易网络的半导体制成品、半导体制造材料、半导体制造设备网络中的节点集合V定义为：

$$V=(V_1, V_2, V_3) \qquad \text{公式（4-1）}$$

其中，V_1 表示半导体制成品组成贸易网络中的节点集合；V_2 表示半导体制造材料组成贸易网络中的节点集合；V_3 表示半导体制造设备组成贸易网络中的节点集合。其中 V_1、V_2、V_3 的具体定义如下：

$$V_1=\{V_1^1, V_1^2, \cdots V_1^k, \cdots, V_1^n\}, k=1, 2, \cdots, n \qquad \text{公式（4-2）}$$

$$V_2=\{V_2^1, V_2^2, \cdots V_2^k, \cdots, V_2^n\}, k=1, 2, \cdots, n \qquad \text{公式（4-3）}$$

$$V_3=\{V_3^1, V_3^2, \cdots V_3^k, \cdots, V_3^n\}, k=1, 2, \cdots, n \qquad \text{公式（4-4）}$$

其中，k 表示参与产业链各个环节产品贸易的国家（地区）数量。

半导体产业链贸易网络的半导体制成品、半导体制造材料、半导体制造设备网络中的连边权重集合 W 定义为：

$$W=(W^1, W^2, W^3) \qquad \text{公式（4-5）}$$

其中，W^1 表示半导体制成品贸易网络中的连边权重集合；W^2 表示半导体制造材料贸易网络中的连边权重集合；W^3 表示半导体制造设备贸易网络中的连边权重集合。W^1、W^2、W^3 的具体定义如下：

$$W^1=\{W_{1,1}^1, W_{1,2}^1, \cdots W_{i,j}^1, \cdots, W_{n,n}^1\}, (i, j=1, 2, \cdots, n) \qquad \text{公式（4-6）}$$

$$W^2=\{W_{1,1}^2, W_{1,2}^2, \cdots W_{i,j}^2, \cdots, W_{n,n}^2\}, (i, j=1, 2, \cdots, n) \qquad \text{公式（4-7）}$$

$$W^3=\{W_{1,1}^3, W_{1,2}^3, \cdots W_{i,j}^3, \cdots, W_{n,n}^3\}, (i, j=1, 2, \cdots, n) \qquad \text{公式（4-8）}$$

其中，$W_{i,j}^1$ 为节点 i 向节点 j 出口半导体制成品的交易量；$W_{i,j}^2$ 为节点 i 向节点 j 出口半导体制造材料的交易量；$W_{i,j}^3$ 为节点 i 向节点 j 出口半导体制造设备的交易量。

半导体产业链贸易网络的半导体制成品、半导体制造材料、半导体制造设备网络中邻接矩阵 A 为：

$$A=(A^1, A^2, A^3) \qquad \text{公式（4-9）}$$

其中，A^1 表示半导体制成品贸易网络中各节点有无贸易往来关系，A^2 表示半导体制造材料贸易网络各节点有无贸易往来关系，A^3 表示半导体制造设备贸易网络各节点有无贸易往来关系。A^1、A^2、A^3 的具体定义如下：

$$A^1=\{A_{1,1}^1, A_{1,2}^1, \cdots A_{i,j}^1, \cdots, A_{n,n}^1\}, (i, j=1, 2, \cdots, n) \qquad \text{公式（4-10）}$$

$$A^2=\{A_{1,1}^2, A_{1,2}^2, \cdots A_{i,j}^2, \cdots, A_{n,n}^2\}, (i, j=1, 2, \cdots, n) \qquad \text{公式（4-11）}$$

$$A^3=\{A_{1,1}^3, A_{1,2}^3, \cdots A_{i,j}^3, \cdots, A_{n,n}^3\}, (i, j=1, 2, \cdots, n) \qquad \text{公式（4-12）}$$

其中，$A_{i,j}^1$ 表示节点 i 与节点 j 在半导体制成品网络中是否存在出口关系；$A_{i,j}^2$ 表示节点 i 与节点 j 在半导体制造材料网络中是否存在出口关系；$A_{i,j}^3$ 表示节点 i 与节点 j 在半导体制造设备网络中是否存在出口关系。

将半导体产业链贸易网络中的半导体制成品、制造材料、制造设备网络分别记作 $G_1=(V_1, W^1, A^1)$、$G_2=(V_2, W^2, A^2)$、$G_3=(V_3, W^3, A^3)$。半导体产业链贸易网络模型 M 为：

$$M = \begin{pmatrix} \begin{pmatrix} w^1_{1,1} & \cdots & w^1_{n,n} \\ \vdots & \ddots & \vdots \\ w^1_{n,1} & \cdots & w^1_{n,n} \end{pmatrix} & 0 & 0 \\ 0 & \begin{pmatrix} w^2_{1,1} & \cdots & w^2_{n,n} \\ \vdots & \ddots & \vdots \\ w^2_{n,1} & \cdots & w^2_{n,n} \end{pmatrix} & 0 \\ 0 & 0 & \begin{pmatrix} w^3_{1,1} & \cdots & w^3_{n,n} \\ \vdots & \ddots & \vdots \\ w^3_{n,1} & \cdots & w^3_{n,n} \end{pmatrix} \end{pmatrix} \quad 公式（4-13）$$

4.1.3　基于BGLL算法的贸易网络社区划分

在复杂网络的社区发现算法中，模块度的应用最为广泛，众多启发式复杂网络社区发现算法都依赖于模块度或者优化的模块度作为社区划分质量的度量。BGLL算法也称为Louvain算法，是Vincent等在2008年提出的一种基于模块度增益的贪婪算法，通过逐轮启发式迭代，该算法在计算复杂网络的社区划分时具有计算时间的优势，基于优化的模块度增益，检测效果更加稳定，使用价值较高，能为网络呈现出完整的分层社区结构。BGLL算法过程主要分为两个阶段：

第一阶段：对加权复杂网络 G 进行社区划分时，首先分配给每个节点一个单独的社区，即在初始阶段节点数和社区数相同。然后通过遍历凝聚节点 i 和邻居节点 j，根据模块度的增益来确定节点 i 应该和哪个邻居节点 j 凝聚为一个社区能实现模块度增益最大化。若所有凝聚均无法获得模块度正向增益，则节点 i 仍保持原始的社区划分。模块度增益计算方法如公式（4-14）：

$$\Delta Q = \left[\frac{\sum_{in} + k_{i,in}}{2m} - \left(\frac{\sum_{tot} + k_i}{2m} \right)^2 \right] - \left[\frac{\sum_{in}}{2m} - \left(\frac{\sum_{tot}}{2m} \right)^2 - \left(\frac{k_i}{2m} \right)^2 \right] 公式（4-14）$$

公式中 $\sum_{in}$ 为社区 C 中所有连边的权重之和，$\sum_{tot}$ 为指向社区 C 的所有连边的总权重，k_i 为所有指向节点 i 的连边权重之和，$k_{i,in}$ 为节点 i 指向社区 C 中所有连边权重之和，m 表示网络中所有连边权重之和。

第二阶段：基于第一阶段所获得的社区划分进行新的网络构建。新网络相对于原始网络将第一阶段所划分的社区作为新的节点，节点的连边权重为社区之间的连边权重之和，得到低分辨率的复杂网络 G'。通过第二阶段的算法构建完成 G' 后，再次调用第一阶段的算法进行凝聚。每次调用第二阶段算法，原始网络的节点数都会有所下降。通过多次反复调用第一阶段和第二阶段算法，原始网络的多层社区划分结果即可获得，最后收敛到模块度最大化，获得最终划分结果。

4.2 全球半导体产业链贸易网络全局特征演变

4.2.1 全球半导体产业链贸易网络总体概况

4.2.1.1 全球半导体制成品贸易网络概况

本节对全球半导体制成品网络结构的时空演变进行研究，并筛选出几个特殊时间节点的网络结构示意图，如图4-1所示。图中分别以出口额度和进口额度为权重构建的全球半导体制成品贸易网络模型，对全球半导体制成品的出口和进口概况进行了展示。图中节点的大小和灰度的深浅程度均代表了该节点对外出口（进口）的贸易价值的大小，节点越大灰度越深代表该节点对外出口（进口）的产品贸易份额越高，连边的灰度深浅和粗细均表示两个节点间贸易流份额的高低。

从图4-1可以看出，无论是在进口市场还是在出口市场，全球半导体制成品贸易网络均呈现出"核心—边缘"的结构。随着时间的推移，网络的核心圈层呈现出不断扩大的趋势，即越来越多的国家（地区）参与到全球半导体制成品的贸易中且网络地位不断增强。从2008年到2022年全球半导体制成品贸易网络的节点数没有很大的差异，但其连边数却大幅度增加了，这种现象表明随着半导体产业的发展，半导体制成品贸易市场上的国家（地区）其贸易伙伴呈现出多样化发展的趋势，并且其贸易额大幅度增长。图4-1（a）、图4-1（c）、图4-1（e）展示了以出口贸易额为连边权重的网络概况，分别对比三幅图中的网络图可以发现，中国和中国台湾占据了半导体制成品出口市场上的主导地位，每年都向全球出口大量的半导体制成品。其次是韩国和马来西亚，为第二梯队全球半导体制成品出口国。此外，日本、新加坡、菲律宾、美国四个国家在2008年同样占据着全球半导体制成品出口市场的核心地位，然而随着其半导体产业的转型和升级，它们逐渐退出了半导体制成品的出口市场，其主导力也逐渐减弱，使全球半导体制成品出口市场格局由"一超多强"逐渐转换为以中国和中国台湾为主导的出口局面。图4-1（b）、图4-1（d）、图4-1（f）

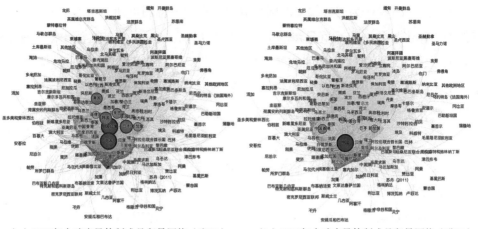

（a）2008年全球半导体制成品贸易网络（出口）　　（b）2008年全球半导体制成品贸易网络（进口）

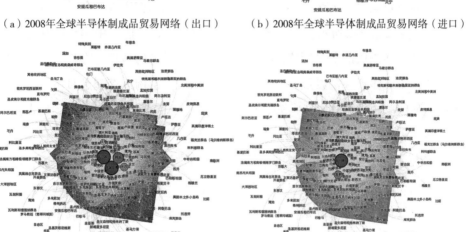

（c）2018年全球半导体制成品贸易网络（出口）　　（d）2018年全球半导体制成品贸易网络（进口）

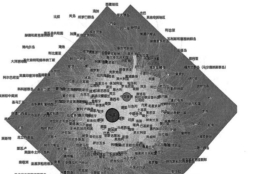

（e）2022年全球半导体制成品贸易网络（出口）　　（f）2022年全球半导体制成品贸易网络（进口）

图4-1　2008 年、2018 年和 2022 年全球半导体制成品贸易网络结构示意图

展示了以进口贸易额为连边权重的网络概况。根据三幅图可知，中国和中国香港一直作为全球半导体制成品贸易市场上主要的进口国（地区）。其次位于第二梯队的有新加坡、马来西亚这两个国家及中国台湾地区。随后是美国、韩国、越南等国家。值得注意的是，越南在2022年已经跻身于全球半导体制成品贸易网络的核心圈层，这表明越南已经逐渐进入半导体的分工体系，成为东南亚半导体产业的新兴主体。

通过上述研究可以得到全球半导体制成品贸易网络演变的概况，为更加清楚地了解其网络核心圈层节点的主要地位，本书还分别列举了在三个不同时点位于网络核心地位的节点国家（地区）的加权度、加权出度和加权入度，并根据其加权度进行排序，结果如表4-2所示。根据表中数据可以发现，中国、中国台湾和韩国一直占据全球半导体制成品贸易网络的主导地位，中国香港的地位也在稳步上升，随着东南亚地区半导体产业的发展，马来西亚、新加坡、越南逐渐超越日本、美国等半导体产业强国。根据上述分析可知，中国无论在进口市场还是出口市场均占据主导地位，而从表中的具体数据可知，中国的半导体制成品存在贸易逆差，且逆差随时间逐渐变大，这表明中国是主要的半导体制成品进口国，除中国外，中国香港、新加坡和越南也是主要的进口国（地区）。而中国台湾则呈现出相反的局面，中国台湾是全球半导体制成品贸易最主要的出口地区。此外韩国、日本、马来西亚、菲律宾也是世界上半导体制成品的主要出口国。随着美国、德国半导体产业的创新发展，其在全球半导体制成品贸易市场上的地位实现了从主要的出口国到主要的进口国的转变。

4.2.1.2 全球半导体制造材料贸易网络概况

本节对全球半导体制造材料网络结构的时空演变进行研究，并筛选出几个特殊时间节点的网络结构示意图，如图4-2所示。图中分别以出口价值和进口价值为权重构建的全球半导体制成品贸易网络模型，对全球半导体制造材料的出口和进口概况进行了展示，图中的节点和连边灰度所代表的含义与上述说法一致。

从图4-2可以看出，无论是在进口市场还是在出口市场，全球半导体制成品贸易网络均呈现出"核心—边缘"的结构，且其核心圈层基本上集中在少数几个国家（地区）中。与半导体制成品贸易网络不同的是，半导体制造材料贸易网络并没有呈现出明显的核心圈层范围增大的趋势。主要由于半导体制造材料是半导体制成品生产的上游环节，该环节的产品的贸易受到一定的技术壁垒和要素禀赋差异的

表4-2 2008年、2018年和2022年全球半导体制成品贸易网络主要节点排序

节点	2008年			节点	2018年			节点	2022年		
	加权度	加权入度	加权出度		加权度	加权入度	加权出度		加权度	加权入度	加权出度
中国	2532.63239	1631.10388	901.52851	中国	5831.070729	3586.53713	2244.5336	中国	8059.98384	4673.03678	3386.94705
中国台湾	1232.39023	312.480804	919.909424	中国台湾	2818.027937	567.174255	2250.85368	中国台湾	5039.48074	978.326585	4061.15415
韩国	939.777053	328.88424	610.892813	韩国	2109.214218	428.383131	1680.83109	韩国	2817.60913	755.406409	2062.20272
日本	925.996594	265.950526	660.046068	中国香港	1984.649257	1903.4715	81.1777523	中国香港	2701.37464	2569.64698	131.727662
新加坡	909.082143	535.750798	373.331345	马来西亚	1479.75661	419.69384	1060.06277	新加坡	1932.23802	1182.72941	749.508605
美国	870.308731	311.649567	558.659164	新加坡	1293.00395	728.902278	564.101672	马来西亚	1879.02875	639.399041	1239.62971
中国香港	782.619697	716.708143	65.9115545	美国	1120.385339	578.992601	541.392738	美国	1406.43414	832.447227	573.986913
马来西亚	684.890092	227.764362	457.12573	日本	948.7191317	279.059817	669.659915	日本	1250.50314	398.160962	852.342175
德国	522.070537	284.430858	237.639678	德国	565.2667316	319.088305	246.178426	越南	1066.77842	657.583668	409.194755
菲律宾	445.038253	143.689111	301.349142	菲律宾	525.7165175	186.465527	339.250991	德国	702.484714	410.714304	291.77041

数据来源：根据联合国商品贸易统计数据库整理计算，网址：https://comtradeplus.un.org。

影响，所以其贸易关系相对于半导体制成品贸易网络更加单一化，且贸易额相对较低。图4-2（a）、图4-2（c）、图4-2（e）展示了以出口贸易额为连边权重的网络概况，分别对比三幅图可以发现，2008年全球半导体制造材料出口市场是以日本、美国、韩国、中国为主导，随着时间的推移，直到2022年，变为以日本、中国、中国台湾、德国、韩国、马来西亚等国家（地区）为主导的局面。其中，中国、中国台湾、马来西亚和德国随着半导体产业的发展其核心地位也逐渐显现，全球半导体制造材料网络整体呈现出"一超多强"的局面。而图4-2（b）、图4-2（d）、图4-2（f）展示了以进口贸易额为连边权重的网络概况，中国一直稳定地处于全球半导体制造材料进口市场上的核心地位，中国台湾、韩国、越南、马来西亚位于第二梯队。越南2022年已成为半导体制造材料贸易网络中的核心国家，更加印证了上述分析的越南已成为东南亚半导体产业的新型主体的结论。

通过上述研究可以得到全球半导体制造材料贸易网络演变的基本概况，为更加清楚地了解其网络核心圈层节点的主要地位，本书还分别列举了在三个不同时点位于网络核心地位的节点国家（地区）的加权度、加权入度和加权出度，并根据其加权度进行排序，结果如表4-3所示。随着时间的推移，半导体制造材料贸易网络中核心圈层的国家（地区）十分稳定，并且它们在网络中的地位也没有明显的变化。这表现了半导体制造材料存在的一定的技术壁垒使其贸易格局不会轻易随着时间变化，贸易结构也相对稳定，其核心圈层的国家（地区）数量较少。中国作为半导体制造材料贸易额最大的国家，在世界半导体制造材料贸易市场仍处于主要的进口国的地位。但是，随着中国半导体产业的不断发展，中国在半导体制造材料产业的贸易逆差逐渐减小，这表明中国的贸易地位正在由主要的进口国逐渐向主要的出口国进行转变。中国台湾已经实现了由主要的进口地转变为主要的出口地。马来西亚、新加坡、越南这几个东南亚国家作为全球半导体制造材料市场上主要的进口国，其网络地位稳步向上发展。而日本、美国、德国等作为半导体产业强国一直处于半导体制造材料贸易市场中主要的出口国的地位。

4.2.1.3　全球半导体制造设备贸易网络概况

本节对全球半导体制造设备网络结构的时空演变进行研究，并筛选出几个特殊时间节点的网络结构示意图，如图4-3所示。图中分别以出口价值和进口价值为权重构建的全球半导体制成品贸易网络模型，对全球半导体制造材料的出口和进口概况进行了展示，图中的节点和连边灰度所代表的含义与上述说法一致。

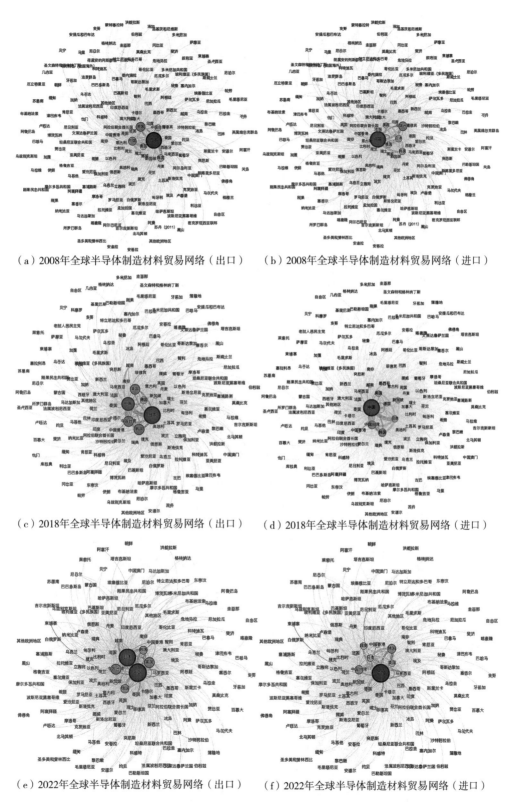

（a）2008年全球半导体制造材料贸易网络（出口）　　（b）2008年全球半导体制造材料贸易网络（进口）

（c）2018年全球半导体制造材料贸易网络（出口）　　（d）2018年全球半导体制造材料贸易网络（进口）

（e）2022年全球半导体制造材料贸易网络（出口）　　（f）2022年全球半导体制造材料贸易网络（进口）

图4-2　2008年、2018年和2022年全球半导体制造材料贸易网络结构示意图

表4-3 2008年、2018年和2022年全球半导体制造材料贸易网络主要节点排序

节点	2008年			节点	2018年			节点	2022年		
	加权度	加权入度	加权出度		加权度	加权入度	加权出度		加权度	加权入度	加权出度
中国	171.801728	120.712787	51.088941	中国	191.6066797	120.458845	71.1478347	中国	267.514569	146.196387	121.318182
日本	160.624252	39.1271055	121.497146	日本	130.0701548	32.3264457	97.7437091	日本	153.271921	36.5096446	116.762276
中国台湾	88.7097176	58.360671	30.3490466	中国台湾	98.09665628	46.1411272	51.955529	中国台湾	112.339591	53.2281683	59.0514229
美国	82.9771176	24.6827347	58.2943829	韩国	98.06332371	44.8908959	53.1724278	韩国	99.4548501	57.6159326	41.8389175
韩国	73.9954623	37.6638122	36.3316501	美国	75.08192487	26.37446	48.7074649	美国	92.9875413	34.0538825	58.9336588
德国	60.6871083	30.0360035	30.6511048	德国	43.43514162	14.2616786	29.173463	德国	64.6002616	19.767662	44.8325996
新加坡	18.3663323	10.796681	7.56965138	新加坡	36.60576453	25.5072462	11.0985183	新加坡	41.0372382	23.7798302	17.257408
中国香港	17.1632196	14.8303319	2.33288764	马来西亚	19.15160351	13.2562954	5.89530808	越南	40.890772	35.9355486	4.95522342
法国	11.3931758	5.17631161	6.21686417	中国香港	16.45072064	15.6826724	0.76804825	马来西亚	35.3909226	23.6328504	11.7580721
英国	11.0169748	4.63573382	6.38124101	越南	13.66835857	12.6976215	0.97073707	中国香港	22.4906675	19.6099963	2.88067117

数据来源：根据联合国商品贸易统计数据库整理计算，网址：https://comtradeplus.un.org。

从图4-3可以看出，无论是在进口市场还是在出口市场，全球半导体制造设备贸易网络均呈现出"核心—边缘"的结构，且其核心圈层只有几个国家（地区）。半导体制造设备是半导体产业链中技术、资本、人才等专业化要素最集中且资源配置要求最高的价值环节，所以贸易网络结构呈现出高度集中且高度垄断的基本特征。半导体制造设备贸易网络也同样没有呈现出明显的核心圈层范围增大的趋势。然而，随着时间的推移，半导体制造设备贸易网络中的核心圈层几个节点间的连边有明显增多的趋势。这表明全球半导体制造设备贸易网络核心圈层的国家（地区）之间的贸易关系逐渐向多样化的趋势发展。图4-3（a）、图4-3（c）、图4-3（e）展示了以出口贸易额为连边权重的网络概况，对比三幅图可以发现，全球半导体制造设备出口市场的格局在2008年仅由日本、美国、荷兰、德国主导，随着其他国家（地区）对半导体产业研发投入的不断增加，中国、中国台湾、新加坡、马来西亚逐渐加入半导体制造设备出口市场中。而图4-3（b）、图4-3（d）、图4-3（f）展示了以进口贸易额为连边权重的网络概况，中国、韩国一直作为半导体制造设备进口市场的主要贸易国。随着中国台湾在半导体产业上游的发展，半导体制造设备进口贸易额逐渐增大，已逐渐成为半导体制造设备的主要进口地区。美国、新加坡、日本也在半导体制造设备进口市场中有一定的地位。

通过上述研究可以得到全球半导体制造设备贸易网络演变的概况，为更加清楚地了解其网络核心圈层节点的主要地位，本书还分别列举了在三个不同时点位于网络核心地位的节点国家（地区）的加权度、加权入度和加权出度，并根据其加权度进行排序，结果如表4-4所示。根据表中数据发现从2008年到2018年，全球第一大半导体制造设备贸易国（地区）由日本变成中国，最后在2022年变为中国台湾。但日本与中国和中国台湾的不同在于，日本作为全球半导体制造设备的出口国，而后者则作为主要的进口地。其中中国的贸易赤字相对较大而且有稳定增大的趋势，这表明中国的半导体制造设备依赖于进口，这极大地增加了中国半导体上游生产的风险。中国是全球半导体制造设备第一大进口国，韩国、中国台湾、爱尔兰和以色列也依赖于进口。美国、日本、荷兰、德国、马来西亚、瑞士均为半导体制造设备的主要出口国，其中日本、美国、荷兰占据了主要的出口市场，在半导体设备环节仍具备控制性优势。新加坡工业用地有限，且以高级生产者服务业为导向，因此在中游硅晶圆及集成电路制造环节逐渐进入"产能清退"阶段，并强化在上游芯片设计和制造设备研发，所以在图中显示新加坡从2008年到2018年已经实现了半导体制造设备由进口国向出口国的转变。

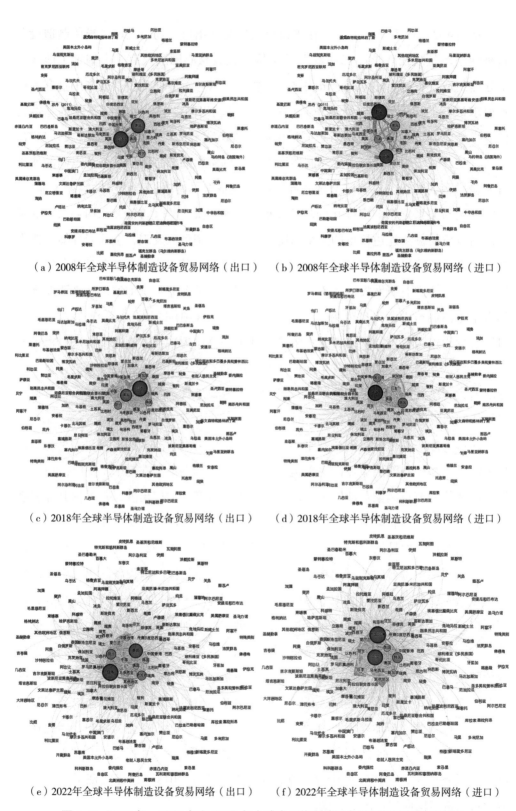

（a）2008年全球半导体制造设备贸易网络（出口）　（b）2008年全球半导体制造设备贸易网络（进口）

（c）2018年全球半导体制造设备贸易网络（出口）　（d）2018年全球半导体制造设备贸易网络（进口）

（e）2022年全球半导体制造设备贸易网络（出口）　（f）2022年全球半导体制造设备贸易网络（进口）

图4-3　2008年、2018年和2022年全球半导体制造设备贸易网络结构示意图

表4-4　2008年、2018年和2022年全球半导体制造设备贸易网络主要节点排序

2008年				2018年				2022年			
节点	加权度	加权入度	加权出度	节点	加权度	加权入度	加权出度	节点	加权度	加权入度	加权出度
日本	136.125977	32.0265488	104.099428	中国	385.8808371	334.296026	51.5848114	中国台湾	508.841216	424.90179	83.9394224
美国	135.882938	44.507293	91.3756448	日本	363.7582129	73.5867188	290.171494	中国	469.035286	397.96895	71.0663327
韩国	92.9036939	81.6762449	11.227449	美国	309.1434424	95.8416136	213.301829	美国	437.380806	135.10814	302.27267
中国	83.1912304	71.841614	11.3496164	韩国	287.2995454	192.360505	94.9390407	日本	421.522842	66.476456	355.046386
荷兰	58.4164863	17.361888	41.0545983	中国台湾	189.6901921	143.605821	46.0843712	韩国	326.503526	235.12946	91.3740636
德国	51.3772011	18.9261911	32.4510099	荷兰	161.2772454	35.6961252	125.58112	新加坡	288.893283	118.72871	170.164569
新加坡	25.9453615	17.7706385	8.17472299	新加坡	155.017822	57.7597759	97.3120062	荷兰	257.735303	59.001058	198.734245
中国台湾	20.6056814	12.7076261	7.89805532	德国	73.43664491	16.5991466	56.8374983	马来西亚	115.127448	28.258058	86.86939
以色列	16.0669769	12.165522	3.90175688	马来西亚	41.68098726	15.0810498	26.5999375	德国	113.026002	26.984665	86.0413371
瑞士	7.99459392	1.1590955	6.83549842	以色列	36.32977464	23.8805	12.4492746	爱尔兰	40.0481989	39.412722	0.63547696

数据来源：根据联合国商品贸易统计数据库整理计算，网址：https://comtradeplus.un.org。

4.2.2　全球半导体产业链贸易网络全局特征演变

本小节主要通过对上述构建的全球半导体制成品、制造材料、制造设备贸易网络进行指标测度来分析网络的整体结构特征演变。本书通过对半导体产业链三个环节贸易网络的参与节点数、贸易连边数、平均路径长度、平均度、平均加权度、网络密度、平均聚类系数和划分社区数进行分析。图4-4为2008—2022年全球半导体产业链贸易网络全局特征演变的示意图。

从图4-4（a）中研究发现，半导体制造设备贸易网络的节点数相对较稳定，在小幅度范围内上下波动。半导体制成品贸易网络除了2011年和2020年有大幅度下降的趋势外，其余时间的节点数也相对稳定，变化幅度较小。半导体制造材料贸易网络相较于前两者节点数变化幅度较大，在2018年经历大幅度下跌后又于2019年大幅度增加，随后在2022年大幅度减少到最低点。除此之外，半导体制成品贸易网络的节点数远大于半导体制造材料和半导体制造设备，这表明有较多数国家（地区）参与了半导体制成品贸易环节。

从图4-4（b）中研究发现，全球半导体制造设备贸易关系是三个环节中最少的，平均只有3500条连边。其次是半导体制造材料贸易关系数，其平均贸易连边数约为4000条。而半导体制成品贸易关系相对较多，其贸易连边数为另外两个环节的2倍多，平均贸易连边数有10000条。这表明半导体制成品贸易中的各国家（地区）之间的贸易关系相较于半导体制造设备和半导体制造材料贸易网络更加丰富和多样化，国家（地区）之间的贸易依赖程度相对较低。从2008—2022年全球半导体制造材料和半导体制造设备贸易关系数呈现出相对平稳的趋势，而半导体制成品贸易关系数相对波动较大，除2020年有下降的情况基本上呈现出稳步上升的趋势。从贸易连边的情况本研究发现受新冠疫情的影响，2020年半导体产业链的贸易情况均受到了一定的冲击呈现出了下降的趋势。

从图4-4（c）中研究发现，半导体制造材料贸易网络的平均路径长度变化幅度很大，2017—2018年之间有大幅度下降，达到近年来的最低点。2018年后开始有明显的上涨趋势。而半导体制成品和半导体制造设备贸易网络的平均路径长度在2008—2022年的变化幅度相对稳定。这表明半导体制成品和半导体制造设备贸易相较于半导体制造材料贸易网络的传输效率较为稳定。此外，半导体制成品贸易网络的平均路径长度远小于半导体制造设备和半导体制造材料贸易网络，这表明其网络传播效率更快，国家（地区）之间贸易的效率更高，且三者整体的网络平均路径长度均呈现出下降的趋势，即全球半导体产业链贸易网络的整体传播效率在提高。

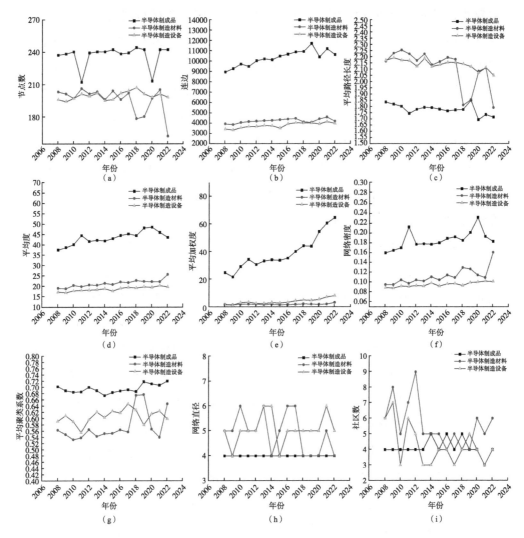

图 4-4 2008—2022 年全球半导体产业链贸易网络全局特征演变图

从图 4-4（d）和图 4-4（e）中研究发现，全球半导体产业链贸易网络的整体连接情况十分稳定，在小幅度范围内波动，但整体呈现出上升的趋势。其中半导体制成品贸易网络的平均度和平均加权度均大于半导体制造材料和半导体制造设备贸易网络，主要是由于其网络中的节点数和连边数均大于另外两个环节的网络，其节点间的连接更加紧密并且平均一个国家（地区）的贸易伙伴的数量是另外两个环节的 2倍多。半导体制造材料网络的平均度虽然大于半导体制造设备网络，但平均加权度却较小。这表明虽然半导体制造设备贸易网络中的各节点贸易伙伴虽少，但其交易量较大。

从图4-4（f）的研究中发现，半导体制造设备贸易网络的网络密度变化幅度相对较小，其变化范围在0.102～0.088之间；半导体制造材料网络的网络密度在2008—2018年也没有大幅度的变化，2018年后其网络密度经历了先下降后上升的变化趋势。2021年降到近几年来的最低点0.109，此时的网络密度与2017年相同，后开始有上升的趋势，到2022年增加到最高点0.16。这表明2018年中美贸易摩擦和2020年新冠疫情的全面暴发均对其产生一定的冲击作用；半导体制成品贸易网络的变化幅度相对不稳定，但整体呈现上升的趋势。网络密度分别在2011年和2020年经历了两次大幅度增长后急剧下降。本研究发现，整体半导体制成品网络相较于半导体制造设备和半导体制造材料网络更加稠密，半导体制造设备贸易网络整体是比较稀疏的且没有大幅度的增长趋势。

从图4-4（g）研究中发现，半导体制造设备网络平均聚类系数在2008—2022年呈现出"波浪式变化"，变化范围在0.647～0.556之间。在2017年之后呈现出下降式变化；半导体制成品网络的平均聚类系数整体呈现出上升趋势。但2020年经历了一个下降的波动后在2022年又增加到0.721。这表明半导体制成品贸易网络的节点之间整体呈现出聚集程度增强的现象；半导体制造材料贸易网络的平均聚类系数在2008—2017年间基本没有大幅度的波动变化，直到2018—2019年间大幅度增加到0.675～0.677之间后，于2020年开始大幅度下降到0.566，在2021年达到近年来的最低点，2022年开始有上升趋势。这表明半导体制造材料网络间节点的聚集情况整体受到2020年新冠疫情的冲击影响程度较大；半导体制成品网络平均聚类系数在2008—2022年也同样呈现出小幅度的"波浪式变化"，该网络相较于上述两个网络的节点聚集程度更加稳定——不易受到外界因素的影响与干扰。此外，三者在2020年均呈现出下降的趋势。这表明新冠疫情对半导体产业链各环节的生产和贸易均产生了不同程度的冲击。本研究发现，半导体制造材料贸易网络的平均聚类系数的值是最小的，半导体制成品网络的平均聚类系数的值是最大的，这说明半导体制成品网络节点聚集的程度是较高的。

从图4-4（h）研究中发现，半导体制造材料和半导体制造设备贸易网络的网络直径波动范围较大，其网络直径变化范围均在4～6之间。而半导体制成品贸易网络的网络直径一致稳定在4，与半导体制造材料和半导体制造设备贸易的网络直径相比，制成品贸易的网络直径较小，即制成品贸易网络中承担"桥梁"作用的国家（地区）较少，各国（地区）取得所需的产品的运输成本可能会降低。

从图4-4（i）研究中发现，半导体制成品贸易网络的社区数波动范围较小，其社团数变化范围在3～5之间，社区结构相对较稳定。半导体制造材料和半导体制造设备贸易网络的社区数波动范围较大，其中半导体制造材料网络的社区数变化范围在4～9之间，半导体制造设备网络的社区数变化范围在3～7之间。半导体制成品和半导体制造设备网络整体社区数均比半导体制造材料网络少，即半导体制造材料贸易网络节点间的贸易关系更加复杂。

4.3　全球半导体产业链贸易网络节点排序演变

上节主要分别从全球半导体制成品、半导体制造材料和半导体制造设备三个环节构建了2008—2022年的贸易网络模型，并分别研究了三个环节网络结构的时空演变情况。本节将从半导体产业链贸易网络不同节点的度中心性、中介中心性、接近度中心性和特征向量中心性四个视角来分析半导体制成品、半导体制造材料、半导体制造设备贸易网络局部特征的演变情况。

表4-5为2008—2022年全球半导体产业链贸易网络的度中心性情况，该中心性表示国家（地区）在网络中的重要性地位。从半导体制成品贸易网络的度中心性看，本研究发现美国、中国、加拿大、法国、英国这五个国家一直稳居世界前十。对于中国而言，2008—2010年其度中心性的排名一直在上升，在2021年后一直稳定地位于世界第一的位置。2008—2010年墨西哥的节点度中心性位于全球之首，2011—2013年下降并稳定在第二名的位置，2013年之后其地位急剧下降并跌出世界前十的排名。新加坡节点度中心性排名在2016年后实现大幅度上升，直到2021年位于世界第三的位置，后2022年又降到第六。而美国的世界排名呈现出"波浪式变动"，整体上美国的度中心性在世界上呈现下降的趋势，从2008年最高的第二名后上下浮动，到2021年下降到第五名后，2022年又提高到第四名。从半导体制造材料贸易网络的度中心性看，本研究发现中国、美国、英国、德国、日本、法国、意大利这七个国家一直稳居世界前十。具体分析如下：中国在2008—2015年一直稳定地位于世界第一，直到2016年被美国超越。在2017—2021年中国又超越美国位于世界第一直到2022年被美国超过。其中中国和美国稳定地位于世界第一和第二的位置上下波动。英国、德国、日本和法国这四个国家的排名几乎在第三名到第六名之间不断波动、互相超越。意大利的排名整体呈现上升的趋势。对比半导体制成品网络发现，半导体制造材料贸易网络的世界前十强几乎稳定地集中在少数几个国家（地

表4-5　2008—2022年全球半导体产业链贸易网络的度中心性排序

排序	2008年	2009年	2010年	2011年	2012年	2013年	2014年	2015年	2016年	2017年	2018年	2019年	2020年	2021年	2022年
半导体制成品															
1	墨西哥	墨西哥	墨西哥	中国	中国	中国	中国	中国	中国	中国	中国	中国	中国	中国	中国
2	美国	中国	中国	墨西哥	墨西哥	墨西哥	美国	法国	法国	法国	法国	法国	美国	法国	德国
3	中国	加拿大	美国	美国	美国	法国	法国	美国	美国	美国	新加坡	美国	德国	新加坡	法国
4	加拿大	美国	加拿大	法国	法国	美国	加拿大	荷兰	泰国	加拿大	美国	加拿大	新加坡	加拿大	美国
5	法国	法国	法国	加拿大	加拿大	加拿大	韩国	加拿大	加拿大	泰国	加拿大	新加坡	法国	美国	加拿大
6	英国	中国台湾	英国	中国台湾	韩国	中国	泰国	英国	新加坡	韩国	韩国	德国	德国	德国	新加坡
7	德国	德国	中国台湾	荷兰	英国	新加坡	荷兰	德国	英国	新加坡	泰国	英国	泰国	韩国	韩国
8	中国台湾	英国	韩国	英国	中国台湾	德国	英国	泰国	德国	英国	英国	韩国	英国	英国	泰国
9	南非	韩国	德国	德国	荷兰	荷兰	德国	韩国	韩国	印度	德国	中国台湾	韩国	荷兰	英国
10	新加坡	荷兰	泰国	韩国	新加坡	中国台湾	中国台湾	新加坡	荷兰	荷兰	荷兰	西班牙	荷兰	瑞士	爱尔兰
半导体制造材料															
1	中国	中国	中国	中国	中国	中国	中国	中国	美国	中国	中国	中国	中国	中国	美国
2	美国	美国	美国	美国	美国	美国	美国	美国	中国	美国	美国	美国	美国	美国	中国
3	英国	德国	德国	英国	英国	德国	德国	德国	德国	英国	德国	德国	德国	英国	英国
4	德国	英国	法国	德国	德国	英国	英国	法国	英国	德国	英国	英国	英国	德国	德国
5	日本	日本	英国	法国	法国	法国	法国	英国	法国	法国	法国	法国	日本	法国	日本
6	法国	意大利	日本	日本	日本	日本	日本	荷兰	日本	日本	日本	日本	法国	日本	法国
7	荷兰	法国	意大利	意大利	意大利	意大利	意大利	意大利	意大利	意大利	意大利	意大利	意大利	意大利	意大利
8	比利时	中国台湾	比利时	比利时	比利时	韩国	印度	韩国	新加坡	西班牙	西班牙	荷兰	新加坡	印度	印度
9	意大利	比利时	比利时	印度	新加坡	荷兰	新加坡	比利时	韩国	荷兰	荷兰	比利时	印度	荷兰	中国台湾
10	韩国	荷兰	韩国	新加坡	荷兰	比利时	比利时	比利时	荷兰	韩国	中国台湾	西班牙	荷兰	阿拉伯联合酋长国	新加坡

续　表

排序	2008年	2009年	2010年	2011年	2012年	2013年	2014年	2015年	2016年	2017年	2018年	2019年	2020年	2021年	2022年
							半导体制造设备								
1	美国	美国	美国	美国	美国	美国	美国	荷兰	中国	中国	中国	中国	中国	中国	美国
2	中国	中国	中国	中国	中国	中国	中国	中国	美国	美国	美国	美国	美国	美国	中国
3	德国	德国	德国	德国	德国	德国	德国	美国	德国	德国	德国	德国	德国	德国	德国
4	英国	英国	日本	日本	英国	英国	法国	德国	日本	英国	新加坡	日本	新加坡	新加坡	新加坡
5	日本	日本	英国	法国	日本	日本	英国	英国	英国	新加坡	英国	新加坡	英国	日本	英国
6	法国	法国	法国	英国	法国	意大利	意大利	法国	法国	日本	意大利	意大利	日本	英国	日本
7	意大利	中国台湾	意大利	中国台湾	新加坡	法国	日本	日本	新加坡	意大利	日本	英国	意大利	法国	法国
8	中国台湾	新加坡	中国台湾	新加坡	中国台湾	新加坡	中国台湾	意大利	意大利	法国	法国	法国	法国	意大利	意大利
9	新加坡	意大利	瑞士	意大利	韩国	中国台湾	新加坡	新加坡	中国台湾	中国台湾	印度	印度	中国台湾	印度	韩国
10	荷兰	印度	韩国	荷兰	印度	荷兰	韩国	中国台湾	韩国	瑞士	中国台湾	中国台湾	印度	中国台湾	荷兰

区），且国家（地区）地位变动幅度较小。从半导体制造设备贸易网络的度中心性看，本研究发现美国、中国、德国、英国、日本、法国这六个国家一直稳居世界前十。美国在2008—2014年一直位居世界第一，后2015年被荷兰和中国超越位居世界第三。2016—2021年仅次于中国位居世界之二，在2022年超越中国位于第一的位置。中国在2008—2015年一直稳定在世界第二的位置，后在2016—2021年超越美国稳居世界第一，但在2022年又下降到第二名的位置。德国、英国、日本、法国这四个国家几乎稳定地位于美国和中国之后，排名在第三名到第七名之间。新加坡在2015年后排名逐渐上升，到2022年成为世界排名第四的国家。中国台湾在2008—2021年均稳定地位于世界前十中，到2022年被韩国超越排名不在前十。

表4-6为2008—2022年全球半导体产业链贸易网络的介数中心性情况。介数中心性可以反映节点在全球半导体产业链贸易中产品流通的控制程度。从半导体制成品贸易网络的度中心性看，本研究发现没有任何一个国家（地区）可以持续稳定地位于世界前十。2008—2018年间巴巴多斯除了2010年和2016年均位于世界前十的行列中，2018年后巴巴多斯不再位于世界前十中。2011年、2014年、2015年巴巴多斯位居世界第一，是介数中心性最高的国家，即其对网络的流通具有重要的作用。俄罗斯、南非、加拿大也是出现在世界前十范围内频率较高的三个国家。经研究观察发现，该网络中绝大多数介数中心性位于世界前十的国家（地区）其度中心性都很小，且每一年位于世界排名前十的国家（地区）变化幅度较大，即一个节点在网络的度中心性即使很小，但其对网络的正常流通仍起到十分关键的作用。从半导体制造材料贸易网络的介数中心性看，加拿大的介数中心性在2008—2014年间，除了在2010年下降到第六名的位置外，其余年份均处于世界第一的位置。除2015年、2017年、2021年加拿大跌出世界前十的位置外，其地位基本稳定在世界第一到第三之间。印度尼西亚在2015—2019年间，世界排名呈现了先上升后下降的趋势。2015年印度尼西亚大幅度上升到世界第二后在2016—2017年均位于世界第一，在2019年又下降到世界第三后持续下降到不在世界排名前十中。从半导体制造设备贸易网络的介数中心性看，本研究发现没有任何一个国家（地区）可以持续稳定地位于世界前十。南非在2008—2022年间，除了2009年、2016年、2018年以外均位于世界前十的范围内。其排名在第一到第十的范围内波动且波动幅度较大，在2017年、2020年和2022年间均处于世界第一名的位置。此外，加拿大、西班牙、荷兰在2008—2022年出现在世界排名前十范围内的频率也相对较高，西班牙在2011年和2013年位于世界第一，随后荷兰在2014—2015年均稳定地位于世界第一。根据上

表 4-6 2008—2022 年全球半导体产业链贸易网络的介数中心性排序

半导体制成品

排序	2008年	2009年	2010年	2011年	2012年	2013年	2014年	2015年	2016年	2017年	2018年	2019年	2020年	2021年	2022年
1	尼加拉瓜	南非	加纳	巴巴多斯	马拉维	印度尼西亚	巴巴多斯	巴巴多斯	纳米比亚	立陶宛	乌干达	亚美尼亚	新西兰	波兰	纳米比亚
2	巴西	俄罗斯	巴西	泰国	坦桑尼亚联合共和国	斯洛文尼亚	立陶宛	荷兰	南非	纳米比亚	俄罗斯	芬兰	尼日利亚	卢森堡	塞浦路斯
3	巴拿马	加拿大	南非	坦桑尼亚联合共和国	斯洛文尼亚	波兰	安提瓜和巴布达	阿拉伯联合酋长国	圭亚那	爱沙尼亚	肯尼亚	加拿大	纳米比亚	萨尔瓦多	乌兹别克斯坦
4	瑞士	墨西哥	泰国	加拿大	墨西哥	蒙古国	马拉维	卢森堡	斯威士兰	巴巴多斯	波兰	泰国	津巴布韦	阿拉伯联合酋长国	斯里兰卡
5	捷克	尼日尔	波兰	加拿大	波兰	泰国	萨尔瓦多	南非	斯洛伐克	埃塞俄比亚	缅甸	斯里兰卡	瑞士	黑山	埃及
6	摩洛哥	巴巴多斯	坦桑尼亚联合共和国	亚美尼亚	巴巴多斯	加蓬	拉脱维亚	玻利维亚	冰岛	南非	爱沙尼亚	塞舌尔	斯里兰卡	瑞士	卢森堡
7	斯洛伐克	巴西	马达加斯加	捷克	塞舌尔	委内瑞拉	瑞士	巴勒斯坦	波兰	斯洛文尼亚	纳米比亚	格鲁吉亚	泰国	尼日尔	黑山
8	突尼斯	捷克	俄罗斯	乌干达	泰国	塞尔维亚	南非	巴西	俄罗斯	格林纳达	巴巴多斯	新加坡	塔吉克斯坦	塞浦路斯	爱尔兰
9	巴巴多斯	危地马拉	阿塞拜疆	罗马尼亚	芬兰	巴巴多斯	斯洛文尼亚	萨尔瓦多	马尔代夫	斯洛伐克	加拿大	吉尔吉斯斯坦	肯尼亚	莫桑比克	斯洛文尼亚
10	阿曼	哈萨克斯坦	巴林	约旦	阿曼	卢森堡	新西兰	孟加拉国	埃及	莫桑比克	芬兰	纳米比亚	乌克兰	塞舌尔	马尔代夫

续表

半导体制造材料

排序	2008年	2009年	2010年	2011年	2012年	2013年	2014年	2015年	2016年	2017年	2018年	2019年	2020年	2021年	2022年
1	加拿大	加拿大	墨西哥	加拿大	加拿大	加拿大	加拿大	荷兰	印度尼西亚	印度尼西亚	加拿大	加拿大	罗马尼亚	南非	加拿大
2	爱尔兰	哥斯达黎加	芬兰	泰国	罗马尼亚	韩国	摩洛哥	印度尼西亚	新西兰	南非	印度尼西亚	爱沙尼亚	南非	印度尼西亚	斯洛伐克
3	斯洛伐克	巴西	印度尼西亚	俄罗斯	洪都拉斯	罗马尼亚	德国	瑞士	加拿大	泰国	新西兰	印度尼西亚	加拿大	新西兰	巴基斯坦
4	乌拉圭	比利时	危地马拉	丹麦	印度	南非	洪都拉斯	特立尼达和多巴哥	奥地利	新西兰	新加坡	塞浦路斯	泰国	捷克	哥斯达黎加
5	瑞典	菲律宾	尼加拉瓜	埃及	西班牙	斯洛文尼亚	捷克	新西兰	泰国	波兰	埃及	奥地利	爱尔兰	塞浦路斯	南非
6	泰国	韩国	加拿大	罗马尼亚	奥地利	斯威士兰	波斯尼亚和黑塞哥维那	阿拉伯联合酋长国	突尼斯	突尼斯	阿拉伯联合酋长国	泰国	新西兰	泰国	丹麦
7	南非	尼加拉瓜	乌拉圭	巴基斯坦	墨西哥	瑞士	瑞士	西班牙	芬兰	捷克	拉脱维亚	冰岛	韩国	印度	新西兰
8	哥斯达黎加	西班牙	韩国	墨西哥	摩洛哥	斯里兰卡	荷兰	波斯尼亚和黑塞哥维那	科威特	韩国	卢森堡	斯洛文尼亚	卢森堡	斯里兰卡	哥伦比亚
9	墨西哥	墨西哥	格鲁吉亚	西班牙	泰国	丹麦	芬兰	突尼斯	西班牙	智利	罗马尼亚	印度	奥地利	法国	斯里兰卡

续表

排序	2008年	2009年	2010年	2011年	2012年	2013年	2014年	2015年	2016年	2017年	2018年	2019年	2020年	2021年	2022年
10	瑞士	德国	爱尔兰	爱沙尼亚	新西兰	墨西哥	南非	乌克兰	瑞士	马尔代夫	爱沙尼亚	斯洛伐克	斐济	西班牙	泰国
半导体制造设备															
1	爱尔兰	加拿大	印度	西班牙	印度尼西亚	西班牙	荷兰	荷兰	匈牙利	南非	韩国	印度尼西亚	南非	阿拉伯联合酋长国	南非
2	芬兰	韩国	泰国	哥斯达黎加	印度	奥地利	巴基斯坦	挪威	巴西	坦桑尼亚联合共和国	突尼斯	巴西	芬兰	爱尔兰	韩国
3	爱沙尼亚	德国	卢森堡	南非	中国台湾	尼泊尔	泰国	乌克兰	塞尔维亚	加拿大	爱沙尼亚	匈牙利	克罗地亚	希腊	法国
4	南非	墨西哥	韩国	墨西哥	南非	韩国	爱尔兰	波兰	荷兰	荷兰	斯洛伐克	斯洛伐克	塞尔维亚	荷兰	智利
5	捷克	赞比亚	德国	韩国	罗马尼亚	阿拉伯联合酋长国	匈牙利	摩洛哥	哈萨克斯坦	加纳	罗马尼亚	比利时	斯洛伐克	突尼斯	卢森堡
6	阿拉伯联合酋长国	哥伦比亚	巴西	巴西	乌克兰	加纳	南非	南非	印度尼西亚	芬兰	斯洛文尼亚	泰国	法国	西班牙	埃及
7	泰国	立陶宛	南非	斯洛文尼亚	巴西	南非	瑞士	芬兰	波兰	塞尔维亚	芬兰	南非	罗马尼亚	新加坡	荷兰
8	加拿大	俄罗斯	哥伦比亚	荷兰	智利	委内瑞拉	加拿大	塞尔维亚	黑山	巴西	克罗地亚	安哥拉	土耳其	芬兰	肯尼亚
9	比利时	西班牙	罗马尼亚	博茨瓦纳	斯洛文尼亚	荷兰	巴西	德国	葡萄牙	新加坡	新加坡	葡萄牙	肯尼亚	卢森堡	刚果（金）
10	西班牙	中国台湾	冰岛	波兰	韩国	瑞士	斯洛伐克	斯洛伐克	塞舌尔	斯洛伐克	印度	新加坡	博茨瓦纳	南非	泰国

述研究发现，在对半导体产业链网络中节点的介数中心性进行排序时，各国家（地区）在世界排名的位置变化幅度波动较大且极不稳定，导致没有任何一个国家（地区）可以稳定地位于世界排名前十。此外，有大部分位于世界排名前十的国家（地区）具有高介数中心性和低度中心性的特征。

表4-7为2008—2022年全球半导体产业链贸易网络的接近度中心性情况。接近中心性的排名可以用来衡量一个节点在网络中的独立能力，接近中心性越高，表示国家（地区）在网络中的独立程度越高。从半导体制成品贸易网络的度中心性看，本研究发现没有任何一个国家（地区）可以持续稳定地位于世界前十。其中捷克在2008—2010年之间的地位稳步上升，从第六上升到第四再到第三，最后在2011年到世界第一的位置。2011年后，捷克消失在世界排名前十的行列中。中国2008—2012年之间都没有在世界前十强的范围内，但在2013年中国的排名有了巨大的跨越，位居世界第一。随后中国的排名就开始大幅度下降，除2015年位居世界第三、2018年和2021年位居世界第四之外，其他的时间均不在世界前十的范围内。斯里兰卡在2019年后逐渐步入世界排名前十的行列，在2020年位居世界第一后，排名开始下降。几内亚比绍、英国、东帝汶在2021—2022年稳定地位于世界前三。从半导体制造材料贸易网络的接近中心性看，同样没有任何一个国家（地区）可以持续稳定地位于世界前十。在这些排名世界前十的国家（地区）中，加拿大出现的频率较高且其度中心性较强，说明加拿大不仅在网络中的地位十分重要，且其在半导体制造材料贸易网络中的独立性也较强。卢旺达、汤加等国家（地区）虽然其度中心性较低，但它们的接近度中心性仍然比较频繁地位于世界前十的行列。从半导体制造设备贸易网络的接近度中心性看，加纳在该网络中的接近中心性排名在世界前十的频率较高，2008年和2014年均位居世界第一，除了加纳之外没有一个国家能稳定地超过两年位居世界第一，且各国家（地区）之间的排序跨度较大。

表4-8为2008—2022年全球半导体产业链贸易网络的特征向量中心性情况。节点特征向量中心性表示贸易网络中的国家（地区）对资源的传递能力。一般是指一个节点的重要性会随着与它相连节点的重要性的增加而增加。在半导体制成品贸易网络中，中国、韩国、日本、中国台湾、美国、新加坡、马来西亚这7个国家（地区）稳定地位于世界前十名的行列中。中国在2008—2022一直稳居世界第一。越南在2016年后，随着其贸易合作伙伴规模的不断扩大，并通过寻找在贸易中具有更大影响力的伙伴，持续发展其间接的影响力，地位不断上升并在2022年稳定在世界第五的位置。在半导体制造材料贸易网络中，中国、中国台湾、日本、美国、韩国这

表4-7　2008—2022年全球半导体产业链贸易网络的接近度中心性排序

半导体制成品

排序	2008年	2009年	2010年	2011年	2012年	2013年	2014年	2015年	2016年	2017年	2018年	2019年	2020年	2021年	2022年
1	莱斯特	汤加	几内亚比绍	捷克	比利时	中国	泰国	英国	津巴布韦	韩国	泰国	泰国	斯里兰卡	几内亚比绍	几内亚比绍
2	文莱达鲁萨兰国	尼加拉瓜	巴勒斯坦	加蓬	加拿大	汤加	巴巴多斯	加拿大	波兰	亚美尼亚	东帝汶	东帝汶	新加坡	泰国	泰国
3	南非	圣文森特和格林纳丁斯	捷克	加拿大	波兰	波兰	波兰	中国	纳米比亚	纳米比亚	几内亚比绍	黑山	塞舌尔	东帝汶	东帝汶
4	亚美尼亚	捷克	俄罗斯	坦桑尼亚联合共和国	亚美尼亚	泰国	立陶宛	文莱达鲁萨兰国	芬兰	泰国	中国	纳米比亚	泰国	中国	塞浦路斯
5	塞尔维亚	瑞士	文莱达鲁萨兰国	罗马尼亚	斯洛文尼亚	文莱达鲁萨兰国	斯洛文尼亚	瑞士	新西兰	吉尔吉斯斯坦	肯尼亚	立陶宛	乌克兰	巴勒斯坦	斯里兰卡
6	捷克	塞尔维亚	新西兰	亚美尼亚	斯洛文尼亚	斯洛文尼亚	萨尔瓦多	巴巴多斯	拉脱维亚	新西兰	泰国	乌克兰	百慕大	比利时	尼泊尔
7	奥地利	加拿大	尼加拉瓜	莱斯特	塞尔维亚	坦桑尼亚联合共和国	南非	哈萨克斯坦	莱索托	洪都拉斯	斯洛伐克	菲律宾	瑞士	尼泊尔	乌兹别克斯坦
8	阿尔巴尼亚	黑山	斯洛文尼亚	乌干达	尼泊尔	加蓬	纳米比亚	荷兰	巴勒斯坦	东帝汶	坦桑尼亚联合共和国	斯洛伐克	贝宁	多米尼加	波兰
9	巴西	印度尼西亚	加拿大	文莱达鲁萨兰国	马拉维	黑山	加拿大	阿拉伯联合酋长国	斯洛伐克	加拿大	瑞士	斯里兰卡	尼加拉瓜	斯里兰卡	爱尔兰
10	萨尔瓦多	俄罗斯	泰国	泰国	南非	斐济	俄罗斯	巴西	罗马尼亚	坦桑尼亚联合共和国	百慕大	澳大利亚	安道尔	匈牙利	博茨瓦纳

续表

半导体制造材料

排序	2008年	2009年	2010年	2011年	2012年	2013年	2014年	2015年	2016年	2017年	2018年	2019年	2020年	2021年	2022年
1	卢旺达	萨摩亚	萨摩亚	密罗尼西亚联邦	不丹	巴勒斯坦国	吉尔吉斯斯坦	莱索特	卢旺达	布隆迪	危地马拉	马拉维	塔吉克斯坦	阿鲁巴岛	圭亚那
2	贝宁	基里巴斯	瓦努阿图	帕劳	冈比亚	阿鲁巴岛	卢旺达	苏里南	巴拉圭	赞比亚	洪都拉斯	尼加拉瓜	乌兹别克斯坦	乌兹别克斯坦	特立尼达和多巴哥
3	加纳	瓦努阿图	基里巴斯	瓦努阿图	伯利兹	加纳	卡塔尔	基里巴斯	基里巴斯	北马其顿	萨尔瓦多	萨尔瓦多	圣卢西亚	开曼群岛	巴巴多斯
4	莫桑比克	斐济	斐济	布隆迪	哥斯达黎加	安哥拉	加纳	帕劳	斐济	玻利维亚（多民族国）	博茨瓦纳	洪都拉斯	冈比亚	塞舌尔	北马其顿
5	布基纳法索	汤加	汤加	黑山	智利	摩尔多瓦共和国	玻利维亚（多民族国）	冈比亚	赞比亚	基里巴斯	阿曼	坦桑尼亚联合共和国	尼泊尔	布隆迪	巴拉圭
6	坦桑尼亚联合共和国	纳米比亚	安提瓜和巴布达	科摩罗	萨尔瓦多	佛得角	尼加拉瓜	马拉维	纳米比亚	卢旺达	马达加斯加	赞比亚	法属波利尼西亚	卢旺达	安道尔
7	玻利维亚（多民族国）	伯利兹	布基纳法索	新喀里多尼亚	亚美尼亚	玻利维亚（多民族国）	摩尔多瓦共和国	蒙特塞拉特	黑山	古巴	巴巴多斯	刚果（金）	南非	尼泊尔	伯利兹
8	马拉维	布基纳法索	安哥拉	基里巴斯	尼加拉瓜	加拿大	布隆迪	几内亚	哥斯达黎加	法属波利尼西亚	玻利维亚	危地马拉	马尔代夫	东帝汶	马达加斯加
9	帕劳	加纳	圣基茨和尼维斯	圣文森特和格林纳丁斯	埃塞俄比亚	危地马拉	新喀里多尼亚	法属波利尼西亚	苏丹	格林纳达	多米尼加	伯利兹	洪都拉斯	马拉维	坦桑尼亚联合共和国
10	汤加	卢旺达	尼日尔	柬埔寨	巴勒斯坦国	黑山	加拿大	伯利兹	克罗地亚	科摩罗	尼加拉瓜	津巴布韦	百慕大	圭亚那	博茨瓦纳

续表

半导体制造设备

排序	2008年	2009年	2010年	2011年	2012年	2013年	2014年	2015年	2016年	2017年	2018年	2019年	2020年	2021年	2022年
1	加纳	玻利维亚（多民族国）	也门	尼加拉瓜	英国	埃塞俄比亚	加纳	荷兰	格林纳达	吉尔吉斯斯坦	苏丹	亚美尼亚	文莱达鲁萨兰国	加蓬	阿塞拜疆
2	赞比亚	危地马拉共和国	圣文森特和格林纳丁斯	津巴布韦	喀麦隆	安哥拉	埃塞俄比亚	摩洛哥	圣文森特和格林纳丁斯	塞拉利昂	布基纳法索	塞舌尔	波斯尼亚黑塞哥维	东帝汶	坦桑尼亚联合共和国
3	摩尔多瓦共和国	摩尔多瓦共和国	阿鲁巴岛	埃塞俄比亚	巴拉圭	伯利兹	阿曼	纳米比亚	特立尼达和多巴哥	冈比亚	多米尼加	乌干达	科特迪瓦	巴勒斯坦国	尼日尔
4	玻利维亚（多民族国）	黑山	马达加斯加	黑山	布隆迪	苏丹	黑山	加纳	阿曼	马达加斯加	黑山	乌兹别克斯坦	玻利维亚（多民族国）	阿塞拜疆	马达加斯加
5	乌拉圭	加纳	科特迪瓦	埃及	萨摩亚	文莱达鲁萨兰国	圣卢西亚	德国	马拉维	格林纳达	圣文森特和格林纳丁斯	玻利维亚（多民族国）	黑山	马达加斯加	加纳
6	巴拉圭	波斯尼亚黑塞哥维哥国	加纳	佛得角	加蓬	阿曼	玻利维亚（多民族国）	莫桑比克	南非	加蓬	巴勒斯坦国	厄瓜多尔	巴巴多斯	佛得角	伯利兹
7	特立尼达和多巴哥	奥地利	瓦努阿图	瓦努阿图	赞比亚	黑山	布隆迪	格陵兰	加蓬	南非	巴拉圭	比利时	马拉维	乌干达	巴巴多斯
8	马尔代夫	西班牙	加纳	智利	斐济	斐济	摩尔多瓦共和国	蒙古国	加蓬	南非	东帝汶	黑山	马尔代夫	巴拉圭	波斯尼亚和黑塞哥维那
9	俄罗斯	文莱达鲁萨兰国	赞比亚	北马其顿	波斯尼亚和黑塞哥维那	津巴布韦	乌干达	老挝	蒙古国	坦桑尼亚联合共和国	科摩罗	尼泊尔	格林纳达	贝宁	塞舌尔
10	坦桑尼亚联合共和国	莫桑比克	格林纳达	吉尔吉斯斯坦	马达加斯加	马尔代夫	厄瓜多尔	塞舌尔	摩尔多瓦共和国	马尔代夫	贝宁	布隆迪	南非	塔吉克斯坦	巴拉圭

表4-8 2008—2022年全球半导体产业链贸易网络的特征向量中心性排序

排序	2008年	2009年	2010年	2011年	2012年	2013年	2014年	2015年	2016年	2017年	2018年	2019年	2020年	2021年	2022年
半导体制成品															
1	中国	中国	中国	中国	中国	中国	中国	中国	中国	中国	中国	中国	中国	中国	中国
2	韩国	韩国	中国台湾	中国台湾	中国台湾	中国台湾	中国台湾	韩国	韩国	中国台湾	中国台湾	中国台湾	中国台湾	中国台湾	中国台湾
3	中国台湾	中国台湾	韩国	韩国	韩国	韩国	韩国	美国	中国台湾	韩国	韩国	韩国	韩国	韩国	韩国
4	日本	日本	日本	美国	美国	新加坡	美国	中国台湾	美国	美国	美国	马来西亚	越南	马来西亚	马来西亚
5	美国	新加坡	美国	新加坡	新加坡	美国	日本	日本	日本	新加坡	新加坡	美国	马来西亚	越南	越南
6	新加坡	美国	新加坡	日本	日本	日本	新加坡	新加坡	新加坡	马来西亚	马来西亚	新加坡	新加坡	日本	日本
7	马来西亚	马来西亚	马来西亚	马来西亚	马来西亚	马来西亚	马来西亚	马来西亚	马来西亚	日本	日本	日本	日本	新加坡	新加坡
8	菲律宾	德国	德国	德国	德国	德国	德国	德国	德国	越南	越南	越南	美国	美国	美国
9	德国	中国香港	泰国	泰国	泰国	泰国	泰国	泰国	越南	德国	泰国	菲律宾	泰国	泰国	泰国
10	中国香港	菲律宾	菲律宾	中国香港	菲律宾	越南	墨西哥	墨西哥	墨西哥	墨西哥	德国	德国	墨西哥	德国	德国
半导体制造材料															
1	中国	中国	中国	中国	中国	中国	中国	中国	中国	中国	中国	中国	中国	中国	中国
2	中国台湾	中国台湾	中国台湾	中国台湾	中国台湾	中国台湾	中国台湾	韩国	韩国	中国台湾	中国台湾	中国台湾	中国台湾	中国台湾	中国台湾
3	日本	日本	日本	韩国	韩国	韩国	韩国	美国	中国台湾	韩国	韩国	韩国	韩国	韩国	韩国
4	美国	德国	韩国	美国	美国	新加坡	美国	中国台湾	美国	美国	美国	马来西亚	越南	马来西亚	马来西亚
5	德国	美国	美国	新加坡	新加坡	美国	日本	日本	日本	新加坡	新加坡	美国	马来西亚	越南	越南
6	韩国	韩国	德国	日本	日本	日本	新加坡	新加坡	新加坡	马来西亚	马来西亚	新加坡	日本	日本	日本
7	新加坡	新加坡	新加坡	马来西亚	马来西亚	马来西亚	马来西亚	马来西亚	马来西亚	日本	日本	日本	新加坡	新加坡	新加坡
8	英国	英国	泰国	德国	德国	德国	德国	德国	德国	越南	越南	越南	美国	美国	美国
9	中国香港	泰国	马来西亚	泰国	泰国	泰国	泰国	泰国	越南	德国	泰国	菲律宾	泰国	泰国	泰国
10	泰国	挪威	英国	中国香港	菲律宾	越南	墨西哥	墨西哥	墨西哥	墨西哥	德国	德国	墨西哥	德国	德国

续 表

排序	2008年	2009年	2010年	2011年	2012年	2013年	2014年	2015年	2016年	2017年	2018年	2019年	2020年	2021年	2022年
半导体制造设备															
1	美国	美国	美国	美国	美国	美国	美国	美国	美国	美国	美国	中国	美国	美国	中国台湾
2	日本	日本	日本	日本	日本	日本	中国	日本	日本	日本	日本	美国	日本	日本	新加坡
3	德国	德国	中国	新加坡	新加坡	中国	日本	新加坡	中国	新加坡	新加坡	德国	新加坡	新加坡	中国
4	荷兰	中国	韩国	中国	中国	新加坡	新加坡	中国	新加坡	中国	中国	日本	中国	中国	美国
5	新加坡	荷兰	荷兰	韩国	荷兰	荷兰	中国台湾	韩国	韩国	韩国	韩国	新加坡	中国台湾	中国台湾	韩国
6	中国	韩国	德国	荷兰	韩国	韩国	韩国	荷兰	中国台湾	中国台湾	荷兰	意大利	荷兰	韩国	日本
7	韩国	新加坡	新加坡	德国	德国	德国	荷兰	德国	荷兰	荷兰	中国台湾	英国	韩国	荷兰	荷兰
8	以色列	中国台湾	中国台湾	以色列	中国台湾	中国台湾	德国	中国台湾	德国	德国	德国	法国	德国	马来西亚	马来西亚
9	中国台湾	以色列	马来西亚	中国台湾	马来西亚	马来西亚	马来西亚	马来西亚	马来西亚	马来西亚	马来西亚	印度	马来西亚	德国	德国
10	英国	马来西亚	中国香港	马来西亚	以色列	中国香港	中国香港	以色列	以色列	以色列	以色列	中国台湾	以色列	中国香港	越南

5个国家（地区）稳定地位于世界前十名的行列中，中国在2008—2022仍一直稳居世界第一。中国台湾除2015年和2016年被韩国超越，位居世界第三以外，其他年份均位于世界第二，且较稳定。美国随着时间的推移，其接近中心性的排名一直在下降，自2008年以来美国的排名一直在第四和第五之间上下浮动，直到2020年下降到第八名后一直稳定在第八名。在半导体制造设备贸易网络中，美国、日本、德国、中国等国家和中国台湾地区一直稳居世界前十强，中国在2008—2010年排名不断上涨，从开始的第六上升到第四再上升到第三。2011年后中国的排名基本在第三和第四的范围内来回波动，其中2019年中国的排名有大幅度的增长，到世界第一的位置。荷兰在2008—2022年中，除了2019年没有在世界前十的范围中，其他时间均位于世界前十的行列，并且荷兰的排名呈现下降的趋势，从2008年的第四名落后到2022年的第七名。美国在2008—2018年均稳定地处于世界第一的位置，在2019年短暂地被中国超越后，又位居世界第一，直到2022年美国的排名降为第四，整体上美国的排名比较稳定，并有一定的下降趋势。

4.4 全球半导体产业链贸易网络社区结构演变

本章在上述构建的全球半导体产业链贸易网络的基础之上，分别选择了2008年、2018年和2022年三个特殊时间点的全球半导体产业链贸易3个环节的网络。采用BGLL算法，设定分辨率为标准分辨率1，对构建的这3个年份的全球半导体产业链贸易网络进行社区演变分析。

全球半导体制成品贸易网络分别在2008年、2018年、2022年通过BGLL算法进行社区划分的资料显示，从社区划分的数量上来看，在这3年中该网络的社区数量分别为4个、5个和4个，其社区数量的变化幅度较小且社区结构比较稳定。在2008年，首先是由德国、荷兰等绝大部分欧洲国家（地区），尼日利亚、刚果等大部分非洲地区国家（地区）、巴西等部分南美洲国家（地区）以及印度等少部分南亚国家共同组成了世界最大的半导体制成品贸易社区，该社区的国家（地区）数量高达153个，占整个网络的64.83%。其次是由美国、加拿大、阿根廷等美洲地区的国家（地区），日本、韩国、中国台湾等部分东亚国家（地区），少量非洲国家（地区）和新加坡、印度尼西亚等部分东南亚国家（地区）构成全球第二大半导体制成品贸易社区，该社区共有71个国家（地区），占整体网络的30.8%。由中国、委内瑞拉等少数南美洲国家（地区）构成第三大半导体制成品贸易社区。在2018年首先仍然由德国等绝大多数欧洲国家（地区）、南非等少数非洲国家（地区）、巴西等部分南美洲国家（地区）共同构成世界最大的半导体制成品贸易社区，然而经对比可以发现部分非洲国家（地区）和东南亚国家纷纷脱离该社区并加入以美国为首的第二大社区中，使得该社区内国家（地区）的数量降低为114个，在整体网络中的比例也随之降低到46.72%。其次由美国等部分美洲国家、少数欧洲国家和新加坡等部分东南亚国家（地区）共同构成全球第二大社区，该社区在南美洲、非洲和东南亚的范围逐渐扩大，使该社团内国家（地区）的数量增长到96个，在整体网络中的比例增长为39.34%。以日本、韩国、中国台湾为首的部分亚洲国家（地区）从以美国为首的社区内脱离出来共同构建成为全球第三大社区。此外，以中国为首的社区内的国家（地区）的数量逐渐增加，少部分非洲国家（地区）开始加入该社区中。在2022年由德国等多数欧洲国家为主所构成的世界最大的半导体制成品贸易社区的规模在持续减小，其在北美地区和非洲地区的影响范围进一步减小，社区内国家（地区）的数量降低至110个，占整体网络的比例为45.45%。由美国等美洲地区国家为主的全球第二大半导体制成品贸易社区的规模持续增加到102个，占整体网络的比例为42.15%，该社区的规模逐渐接近第一大社区规模，在非洲、大洋洲、东南亚以及南美洲地区的影响力逐渐增强，社区范围也持续增大。以中国台湾、韩国、日本为主的第三大社区内的国家（地区）的数量也有小幅度的下降，使该社区规模排名第四。而以中国为主的社区规模仍在不断增加，随着蒙古国、越南等国家（地区）的加入，该社区成为全球半导体制成品贸易第三大社区。

全球半导体制造材料贸易网络分别在2008年、2018年、2022年通过BGLL算法进行社区划分的资料显示，从社区划分的数量上来看，在这3年中该网络的社区数量分别为6个、4个和6个，其社区数量的变化幅度较小且社区结构比较稳定。在2008年，首先是由美国、加拿大等美洲国家，日本、朝鲜等部分亚洲国家（地区），德国等大部分欧洲国家以及印度、泰国等绝大多数东南亚国家共同构成世界最大的全球半导体制造材料贸易社区，该社区涵盖了美洲、亚洲、非洲、欧洲以及大洋洲等多个地区，社区内的国家（地区）数量高达124个，占全球贸易网络的61.08%。其次是由南非等部分非洲国家、沙特阿拉伯等部分西亚地区国家以及阿根廷等南美洲国家共同构成全球第二大半导体制造材料贸易社区，社区内的国家（地区）数量有45个，占全球贸易网络的22.17%。此外，以中国、韩国、中国台湾等大部分亚洲国家（地区）以及印度、马来西亚部分东南亚地区国家和少数非洲地区国家共同构成了第三大社区。在2018年，首先是由美国等大部分美洲国家、德国等绝大多数欧洲国家以及日本、泰国等少数亚洲国家（地区）共同构成的社区仍然是世界最大的全球半导体制造材料贸易社区。但该社区的规模相较于2008年有所减小，部分欧洲国家退出该社区加入以中国为主所构成的社区，导致该社区内国家（地区）的数量降低到107个，占整体网络的60.11%。其次是由新加坡、印度等亚洲国家（地区）和南非等部分非洲国家组成的社区成为全球第二大社区，该社区的节点数增长为49。以中国为主的大部分亚洲国家（地区）构成全球半导体制造材料贸易的第三大社区，该社区的规模随着俄罗斯等部分欧洲国家的加入也有所增加。在2022年，首先是由美国等多数美洲国家、德国等大多数欧洲国家以及部分非洲国家所构成的社区仍然是全球最大的半导体制造材料贸易社区，但是社区的规模持续减小，社区内国家（地区）的数量已经降低到82个，仅占整体网络的50.62%。其次是由印度等亚洲国家（地区）以及南非等大多数非洲国家共同构成的社区位列全球第二，该社区的国家（地区）数也有所下降，仅占全球贸易网络的15.43%。但以中国等大多数亚洲国家（地区）共同构成的社区范围在不断地扩大，该社区的国家（地区）数量也增加到了24个。新加坡则脱离了原来的第二大社区与土耳其等国家（地区）构成了一个全新的社区，该社区的规模位列第四。

全球半导体制造设备贸易网络分别在2008年、2018年、2022年通过BGLL算法进行社区划分的资料显示，从社区划分的数量上来看，在这3年中该网络的社区数量分别为6个、4个和4个，其社区数量的变化幅度较小且社区结构比较稳定。在2008年，首先是由德国等大部分欧洲国家、南非等多数非洲国家以及印度等部分亚洲国家（地区）共同构成世界最大的半导体制造设备贸易社区，该社区内的国家（地区）数量高达114个，占全球贸易网络的58.16%。其次是由美国等部分美洲国家，日本、新加坡等部分亚洲国家（地区）共同构成的社区，该社区的国家（地区）数量为41个，占整体网络规模的20.92%。中国、韩国等大部分亚洲国家（地区）和少数非洲国家共同构成的社区，其规模位列世界第三。在2018年，首先是由德国等大部分欧洲国家、南非等多数非洲国家共同构成的社区规模仍然稳居世界第一，值得注意的是，加拿大开始脱离原有的社区并加入该社区中。但是由于该社区内部分东南亚国家（地区）的脱离，导致该社区内国家（地区）的数量仍有所下降。其次是由中国等大部分亚洲国家（地区）所构成的社区成为全球第二大半导体制造设备贸易社区，由于多数东南亚国家、少数欧洲以及南美洲国家以及部分非洲国家的加入，极大地扩大了该社区的辐射范围和规模。韩国脱离了原来的社区加入以美国等美洲国家主导的社区中，该社区由原来的第二大社区降到第三的位置，主要是由于部分南美洲国家的脱离。在2022年由德国等大部分欧洲国家、南非等多数非洲国家共同构成的社区规模大幅度的增加，大量的原属于第二大社区和第三大社区的国家（地区）均加入该社区中，使该社区内的国家（地区）数增加至190个，占整体网络比例的95.96%。该时期的大部分国家之间的联系更加紧密，其余的3个小社区的规模都相对较小，且有较强的区域性。

4.5 本章小结

本章以第2章中涉及的复杂网络理论为基础，结合国际贸易相关理论，首先，构建了以国家（地区）为节点，国家（地区）之间的进出口贸易关系为连边的横向空间贸易网络。其次，从网络的整体、局部以及社区结构3个视角去分析全球半导体产业链贸易网络的格局演变，研究结果如下：

从全球半导体产业链贸易网络的整体结构来看，半导体制成品贸易网络与半导体制造设备和半导体制造材料贸易网络相比，该网络无论是参与贸易的节点数量还是网络中的连边数均远大于另外两个网络。除了网络规模较大，该网络的网络密度也远大于半导体制造设备和半导体制造材料贸易网络。而半导体制造设备和半导体制造材料贸易网络的传输效率相对稳定且网络规模基本没有大幅度变动；从全球半导体产业链贸易网络中各节点的局部特征来看，在半导体制成品贸易网络中美国、中国、加拿大、法国、英国这5个国家一直稳居网络的核心地位，半导体制造材料贸易网络中处于核心位置的国家主要是中国、美国、英国、德国、日本、法国、意大利这7个国家，在该网络中的处于核心位置的节点相较于前者更加单一。半导体制造设备贸易网络中美国、中国、德国、英国、日本、法国这6个国家仍处于核心位置。而在分析网络中各节点的独立性和控制能力时发现，大部分国家（地区）并没有处于网络的核心地位，但对网络的传输效率仍然有着较强的影响力；从全球半导体产业链贸易网络的社区结构演变来看，无论是半导体制成品、半导体制造材料还是半导体制造设备贸易网络，它们的社区划分的数量均没有较大幅度的变化，其社区结构相对稳定。研究发现，虽然全球半导体产业链网络社区划分的结果仍然具有明显的区域性特征，但是随着半导体产业链贸易的不断发展，"洲际壁垒"已经有了逐渐被打破的趋势，各社团间贸易关系重叠交织，紧密程度不断增强。此外，在前文研究结果中得到的几个处于核心地位的国家比较平均地分配到各社区中，在社区内对产品的贸易起到领导与支配作用。这表明半导体产业链贸易内重要参与国（地区）不仅在网络节点与连边结构上发挥作用，而且对贸易网络的社区结构也具有支配作用。

5 半导体产业链多层网络贸易风险传播机制研究

贸易国家（地区）针对不同的贸易策略所引发的贸易风险的传播方式、传播特征以及适用场景均不相同。本章在第3章产业链的风险传播理论和第4章构建的半导体产业链单层网络的基础上，首先搭建半导体产业链多层贸易网络模型，其次基于点传播的思路，构建了单个国家（地区）出口限制情境下的半导体产业链多层网络的风险传播模型，研究半导体产业链多层网络贸易风险传播机制，分析在不同的冲击下贸易风险的传播范围并识别出半导体产业链风险传播机制中的关键传播源、冲击拐点以及关键国家（地区）的传播路径。

5.1　半导体产业链多层网络构建

半导体产业链多层网络的构建分为单层网络构建和产业链层间贸易网络的构建。本书借鉴郝晓晴[80]等提出的构建钢铁多层网络的思想，尝试构建包含"半导体制造设备—半导体制造材料—半导体制成品"的多层复杂网络模型。构建半导体产业链多层网络，首先要确定半导体产业各层网络之间是如何联系起来的。在本节中，主要根据半导体产业链的3个生产环节进行构建半导体产业链多层网络，层与层之间的联系根据半导体产业链的纵向产品之间的投产比进行构建。图5-1为各国"半导体产业链之间产品物质流动—国际贸易"系统变量关联图。根据美国经济分析局（BEA）提供的相关投入产出数据，本书设置半导体制造设备与半导体制造材料贸易之间的投入产出系数为1.3，半导体制造材料贸易与半导体制成品贸易之间的投入产出系数为2.5。

由半导体制造设备—半导体制造材料—半导体制成品所构成的产业链层间贸易网络模型为 $G1=(V, W2)$，其中 V 表示所有节点的集合，$W2$ 表示产业链贸易网络层间网络的边的集合，具体表示公式如下：

$$W2=(W2^1, W2^2) \qquad 公式（5-1）$$

其中，$W2^1$ 表示半导体制造设备与半导体制造材料组成的贸易网络中边的集合，$W2^2$ 表示半导体制造材料与半导体制成品组成的贸易网络中边的集合。$W2^1$、$W2^2$ 的具体定义如图5-1所示。

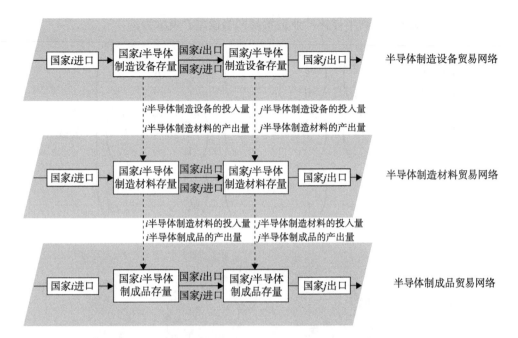

图 5-1 各国"半导体产业链之间产品物质流动—国际贸易"系统变量关联图

$$W2^1=\{W_{1,1}^{1,2}, W_{1,2}^{1,2}, \cdots W_{i,i}^{1,2}, \cdots, W_{n,n}^{1,2}, W_{1,1}^{2,1}, W_{2,2}^{2,1}, \cdots W_{i,i}^{2,1}, \cdots, W_{n,n}^{2,1}\} \quad 公式（5-2）$$

$$W2^2=\{W_{1,1}^{2,3}, W_{1,2}^{2,3}, \cdots W_{i,i}^{2,3}, \cdots, W_{n,n}^{2,3}, W_{1,1}^{3,2}, W_{2,2}^{3,2}, \cdots W_{i,i}^{3,2}, \cdots, W_{n,n}^{3,2}\} \quad 公式（5-3）$$

其中，$W_{i,i}^{1,2}$ 为国家（地区）i 从半导体制造设备环节生产到半导体制造材料的产量，$W_{i,i}^{2,3}$ 为国家（地区）i 从半导体制造材料环节生产到半导体制成品的产量，$W_{i,i}^{2,1}$ 为国家（地区）i 出口半导体材料所需要的半导体制造设备的投入量，$W_{i,i}^{3,2}$ 为国家（地区）i 出口半导体制成品所需要的半导体制造材料的投入量。

因此，层间模型 N 为：

$$N = \begin{pmatrix} 0 & \begin{pmatrix} w_{1,1}^{1,2} & \cdots & 0 \\ \vdots & \ddots & \vdots \\ 0 & \cdots & w_{n,n}^{1,2} \end{pmatrix} & 0 \\ \begin{pmatrix} w_{1,1}^{2,1} & \cdots & 0 \\ \vdots & \ddots & \vdots \\ 0 & \cdots & w_{n,n}^{2,1} \end{pmatrix} & 0 & \begin{pmatrix} w_{n,n}^{2,3} & \cdots & 0 \\ \vdots & \ddots & \vdots \\ 0 & \cdots & w_{n,n}^{2,3} \end{pmatrix} \\ 0 & \begin{pmatrix} w_{1,1}^{3,2} & \cdots & 0 \\ \vdots & \ddots & \vdots \\ 0 & \cdots & w_{n,n}^{3,2} \end{pmatrix} & 0 \end{pmatrix} \quad 公式（5-4）$$

半导体产业链多层网络模型 $P=(M, N)=\{V, E_1, E_2\}$，矩阵 M 为半导体产业链各环节单层网络，矩阵 N 为半导体产业链层间关系网络，式中 V 为节点的集合，E_1 为层内节点之间的边集合，E_2 为层间节点之间的边集合，半导体产业链贸易网络模型中

共有 n 个国家（地区），则半导体产业链贸易网络模型 P 表示为：

$$
P = \begin{pmatrix}
\begin{pmatrix} w_{1,1}^{1} & \cdots & w_{n,n}^{1} \\ \vdots & \ddots & \vdots \\ w_{n,1}^{1} & \cdots & w_{n,1}^{1} \end{pmatrix} & \begin{pmatrix} w_{1,1}^{1,2} & \cdots & 0 \\ \vdots & \ddots & \vdots \\ 0 & \cdots & w_{n,n}^{1,2} \end{pmatrix} & 0 \\[2em]
\begin{pmatrix} w_{1,1}^{2,1} & \cdots & 0 \\ \vdots & \ddots & \vdots \\ 0 & \cdots & w_{n,n}^{2,1} \end{pmatrix} & \begin{pmatrix} w_{1,1}^{2} & \cdots & w_{n,n}^{2} \\ \vdots & \ddots & \vdots \\ w_{n,1}^{2} & \cdots & w_{n,n}^{2} \end{pmatrix} & \begin{pmatrix} w_{1,1}^{2,3} & \cdots & 0 \\ \vdots & \ddots & \vdots \\ 0 & \cdots & w_{n,n}^{2,3} \end{pmatrix} \\[2em]
0 & \begin{pmatrix} w_{1,1}^{3,2} & \cdots & 0 \\ \vdots & \ddots & \vdots \\ 0 & \cdots & w_{n,n}^{3,2} \end{pmatrix} & \begin{pmatrix} w_{1,1}^{3} & \cdots & w_{n,n}^{3} \\ \vdots & \ddots & \vdots \\ w_{n,1}^{3} & \cdots & w_{n,n}^{3} \end{pmatrix}
\end{pmatrix} \quad 公式（5-5）
$$

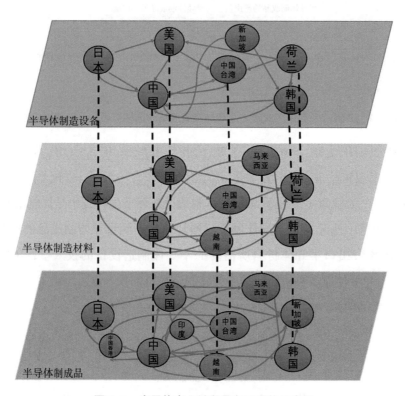

图 5-2　半导体产业链贸易多层网络示意图

注：该图片仅选取2022年各网络贸易排序较前的相应国家（地区）为节点，贸易关系为连边，网络之间共有的节点用虚线连接。数据来自联合国商品贸易数据库。

5.2 出口限制传播内涵

由于金融危机、新冠疫情等重大突发事件扰乱全球经济秩序时，各国对外贸易政策的调整均采用单个国家（地区）出口限制传播的传播方式。基于此背景，国家（地区）i减少其出口并被认为处于雪崩状态，供应链的冲击通过其出口渠道扩散到其他国家（地区）。对于国家（地区）i和国家（地区）j属于同一层贸易网络，i与j之间的交易额发生变化，即w_{ij}^n变动。若国家（节点）j的进口量减少的比例超过了门槛β，那么国家（地区）j将在该步骤中的状态由正常转变为雪崩状态。当国家（地区）j雪崩，则其出口量将减少，使供应风险不断蔓延到其他的国家（地区）。当雪崩状态的节点数不再增加时，迭代停止。由国家（地区）i发生的贸易冲击影响通过整个传输过程中雪崩节点的数量来评估。

5.3 半导体产业链多层网络传播模型的构建

本书研究了供应短缺的情境中基于多层网络的全球半导体贸易风险传播机制，假设各国（地区）在国际贸易中的资源存量是恒定的。

5.3.1 层内网络贸易风险传播模型构建

半导体产业链层内网络贸易风险传播模型是基于半导体产业链层内网络风险的传播规则进行构建的。因此，本节首先阐述半导体产业链层内网络贸易风险传播规则。半导体产业链层内网络中贸易风险传播规则是在半导体层内贸易网络中，由于某种情况的出现，国家（地区）i的产品出口量减少，成为某层贸易网络中的风险传播源。由于某层贸易中国家（地区）i的产品出口量减少，从而导致该层与国家（地区）i产生贸易的国家（地区）的进口量减少。若该层该国（地区）进口量的减少比例不超过该国（地区）抵御风险的能力，则该国（地区）在该层内不会被传染，在网络中的出口贸易量不变；若该国（地区）进口量减少的比例超过了该国抵御风险的能力，则成为该层网络中新的风险传播源进行风险传播。重复以上过程直至该层不再出现新的国家（地区）被感染，则传播停止。具体传播规则如图5-3所示。

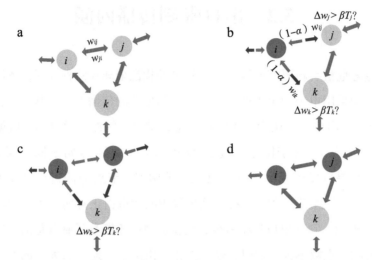

图5-3 单个节点出口限制传播的半导体产业链层内网络风险传播模型

注：节点为浅灰色表示未受感染，深灰色表示已受感染；边为浅灰色表示正常，贸易量减少时转变为深灰色。（a）表示初始时刻正常的贸易网络；（b）表示节点i作为初始风险传播源时对网络的影响；（c）表示节点j受到节点i的影响成为风险传播源；（d）表示节点k没有受到节点i和j的影响而正常贸易。

具体的半导体产业链层内贸易网络的传播模型算法如下。

1. 参数设置

（1）S为某层半导体产业链贸易网络中所有节点的状态，若该节点异常则$S=1$，否则该节点正常，$S=0$；

（2）A为某层半导体产业链贸易网络中的传播源集合，初始数量为1，第μ次迭代后为m_μ；

（3）W_{ij}表示某层半导体产业链贸易原始网络中节点i到j的出口量；

（4）α为某层半导体产业链贸易网络中传播源节点i出口贸易的减少比例；

（5）β为某层半导体产业链贸易网络中潜在被感染的节点j的感染阈值；

（6）T_j表示潜在被感染的节点j在某层贸易中的初始负载量即节点i的进出口贸易总和，w_j为潜在被感染的节点j在某层贸易中的进口总量；

（7）$\Delta w_{ij}=\alpha w_{ij}$代表某层半导体产业链贸易中的节点$j$从传播源节点$i$贸易进口的减少量；

（8）$\Delta w_j=\sum_i^{m_\mu}\Delta w_{ij}$代表某层半导体产业链贸易中的节点$j$从所有传播源节点进口贸易的总减少量；

（9）$\gamma=\dfrac{\alpha}{\beta}$为某层半导体产业链贸易中潜在被感染节点$j$总进口贸易的减少比例与节点$j$感染阈值的比例。

2.算法流程

步骤1：首先，将某层半导体产业链贸易网络中的参与节点状态记为$S=0$，风险迭代次数记为$\mu=1$；

步骤2：将节点i设置为迭代最开始的传播源，状态设置为异常状态即$S=1$，节点i到节点j的出口贸易量减少比例设置为Δw_{ij}；

步骤3：如果节点j从节点i的进口贸易总额变化百分比α超过节点j的感染阈值β，节点j将成为新的感染源，节点状态为$S=1$。迭代次数加一，$\mu=\mu+1$。此时，节点j将纳入A传播集合中，节点j作为下一轮风险爆发的第一个传播源。

步骤4：重复步骤2、3，直至网络中不再出现新的传播源。

5.3.2　层间网络贸易风险传播模型构建

基于产业链的各层产品间投入产出的关系，一国（地区）的产业贸易变动，一方面会引发自身产品的进出口变动；另一方面也会导致其贸易伙伴的产品进出口和上层产品之间的投入量变动，进而影响贸易伙伴上层产品的进出口量，最终将会影响整个贸易多层网络。半导体产业链贸易层间网络贸易风险传播的具体传播规则如图5-4所示。

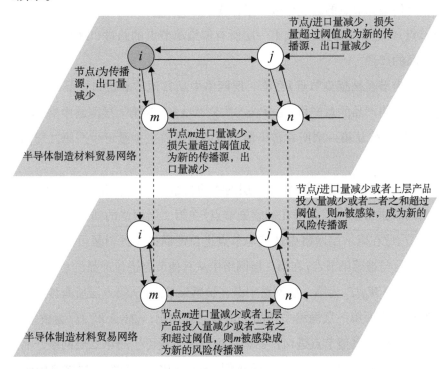

图5-4　单个节点出口限制传播的半导体产业链层间网络贸易风险传播模型

具体算法如下。

1. 参数设置

（1）W_{1ij} 为第一层网络中节点 i 出口到节点 j 的初始贸易量，W_{2ij} 为第二层网络中节点 i 出口到节点 j 的初始贸易量。

（2）μ 为整个程序的迭代次数，$\mu1$ 为第一层网络中贸易风险传播的迭代次数，$\mu2$ 为第二层网络中贸易风险传播的迭代次数；$A1$ 为第一层网络中贸易风险传播的传播源集合，初始值为 1，经过 $\mu1$ 次迭代后传播源的集合为 $m1\mu$；$A2$ 为第二层网络中贸易风险传播的传播源集合，初始值为 0，μ 经过 2 次迭代后传播源的集合为 $m2\mu$。

（3）θ 为第一层网络中的产品经过处理转化为第二层网络中产品的投入产出比例。

（4）α 为半导体产业链多层网络中传播源节点 i 出口贸易的减少比例。

（5）β 为潜在被感染的节点 j 的感染阈值。

（6）$\Delta W_{1ij} = \alpha W_{1ij}$ 为第一层网络中潜在被感染节点 j 从传播源节点 i 的进口减少量；$\Delta W_{2ij} = \alpha W_{2ij}$ 为第二层网络中潜在被感染节点 j 从传播源节点 i 的进口减少量；$\Delta W_{pij} = \theta * \alpha * W_{1ij}$ 为第一层网络中潜在被感染节点 j 从传播源节点 i 的进口减少量可生产第二层网络产品的产量。

（7）$\Delta W_{1j} = \sum_1^{u1} \sum_i^{m1u1} \Delta W_{1ij}$ 为第一层网络中潜在被感染节点 j 经过 $u1$ 次迭代后从第一层所有传染源节点的总进口减少量，$\Delta W_{2j} = \sum_1^{u2} \sum_i^{m2u2} \Delta W_{2ij}$ 为第一层网络中潜在被感染节点 j 经过 $u2$ 次迭代后从第一层所有传染源节点的总进口减少量可生产第二层网络产品的产量。

（8）W_{pj} 为潜在被感染节点 j 在第一层网络中从其他节点进口产品的总进口量可生产第二层网络产品的总产量；$\Delta W_{pj} = \sum_1^{u1} \sum_i^{m1u1} \Delta W_{pij}$ 为第一层网络中潜在被感染节点 j 经过 $u1$ 次迭代从第一层所有传染源节点的总进口减少量可生产第二层网络产品的总产量。

（9）T_{1j} 为潜在被感染节点 j 在第一层网络的初始值，W_{1j} 为潜在被感染节点 j 在第一层网络的总进口量，T_{2j} 为潜在被感染节点 j 在第二层网络的初始值，$T_{2j} = W_{2j} + W_{pj}$ 为被感染节点 j 在第一层网络中从其他节点进口产品的总进口量可生产第二层网络产品的总产量与被感染节点 j 在第二层网络中从其他节点进口产品的总进口量之和。

（10）$\alpha1 = \Delta W_{1j} / T_{1j}$ 为第一层网络中潜在被感染节点 j 从第一层所有传染源节点的总进口减少量占原第一层网络中产品进口量的总比例；$\alpha2 = \Delta W_{pj} / T_{1j}$ 为被感染节点 j 在第一层网络中从其他节点进口产品的总进口减少量可生产第二层网络产品的总产量占原第一层网络中产品进口总量的比例；$\alpha3 = \Delta W_{2j} / T_{2j}$ 为第二层网络中潜在被感

染节点 j 从第二层所有传染源节点的总进口减少量占原第二次网络中产品进口总量的比例；$\alpha4=(\Delta W_{pj}+\Delta W_{2j})/(W_{pj}+T_{2j})$ 为被感染节点 j 在第一层中从其他节点进口商品的总进口减少量可生产第二层网络产品的总产量与第二层网络中潜在被感染节点 j 从第二层所有传染源节点的总进口减少量之和，占潜在被感染节点 j 在第一层网络中的总进口量用以生产第二层网络产品的初始总产量与潜在被感染节点 j 在第二层网络中的初始进口量之和的比例。

（11）$S1$ 为第一层网络中参与节点的状态，$S1=1$ 表示受到感染，$S1=0$ 表示未受到传染。同理，$S2$ 为第二层网络中参与节点的状态，$S2=1$ 表示受到感染，$S2=0$ 表示未受到传染。

2.算法流程

步骤1：假设第一、第二层网络中所有的参与节点均未受感染，$S1i=0$，$S2i=0$。u 为多层网络中的整体迭代次数，$u1$ 为第一层网络的迭代次数，$u2$ 为第二层网络的迭代次数。

步骤2：$n1_{iu1}$ 为第一层网络中的初始风险爆发源节点，其中节点 $n1_{iu1}$ 的状态 $S1i=1$，在第一层网络中所有跟节点 $n1_{iu1}$ 产生贸易关系的连边权重都减少 ΔW_{1ij}。

步骤3：进行第 u 轮迭代，在第一层网络中若跟节点 $n1_{iu1}$ 产生贸易关系的任何节点 $n1_j$ 的总贸易量的减少比例大于该节点在第一层网络的阈值 $\beta_{j,k}$，则节点 $n1_j$ 被感染，$S1j=1$，迭代次数加一，$u1=u1+1$。然后将节点 $n1_j$ 纳入 $A1$ 中，成为传播源节点，即 $n1_j$ 为第一层网络中下一个迭代的风险源 $n1_{iu1}$。

步骤4：若第一层网络中节点 $n1_{iu1}$ 的进口减少量投产出第二层产品的产量超过节点 $n1_{iu1}$ 的第二层产品的初始负载值，即 $\alpha2$ 超过节点 $n1_{iu1}$ 的感染阈值 $\beta_{i,k+1}$，则第二层网络的节点 $n1_{iu1}$ 的状态 $S2i=1$，迭代次数加一，$u2=u2+1$。将节点 $n1_{iu1}$ 纳入 $A2$ 中，作为第二层网络中下一次迭代的风险源 $n2_{iu2}$。

步骤5：若任一节点 $n2_j$ 与第二层网络中传播源 $n2_{iu2}$ 的贸易进口减少量超过节点 $n2_j$ 第二层初始负载值，即 $\alpha3$ 超过节点 $n2_j$ 的感染阈值 $\beta_{j,k+1}$，那么节点 $n2_j$ 的状态为 $S2j=1$。若在步骤4时迭代次数未增加，则此时迭代次数加一，$u2=u2+1$，反之则不变。将节点 $n2_j$ 纳入 $A2$ 中，作为第二层网络下一轮迭代的风险源 $n2_{iu2}$。

步骤6：若第一层网络中感染节点 $n1_{iu1}$ 的贸易量减少比例与连接到第二次网络中的感染节点 $n2_{iu2}$ 的总贸易量的减少比例之和 $\alpha4$ 超过节点 $n2_j$ 的感染阈值 $\beta_{j,k+1}$，那么节点 $n2_j$ 被感染。若在步骤4迭代次数未增加，则此时迭代次数加一，$u2=u2+1$，反之则不变。将节点 $n2_j$ 纳入 $A2$ 中，作为第二层网络下一轮迭代的风险源 $n2_{iu}$。

步骤7：通过比较 $u1$ 与 $u2$ 的值，$u=\max(u1, u2)$，判断 u 是否变化，若存在变化，则进行步骤8；若不变，结束程序。

步骤8：选取第一层网络中任意新增的感染节点 $n1_{iu1}$ 作为第一层网络的风险传播源，若任何一个节点 $n1_j$ 从第一层网络中 $n1_{iu1}$ 的总进口量的总变动百分比 $\alpha1$ 超过节点 $n1_j$ 的感染阈值 $\beta_{j,k+1}$，那么节点 $n1_j$ 被感染。将节点 $n1_j$ 纳入 $A1$ 中，作为第一层网络中下轮迭代的风险传播源 $n1_{iu1}$。

步骤9：对第一层 $A1$ 中所有新增加的感染节点作为第一层网络的风险传播源，重复步骤8。遍历所有新增加的感染国家（地区），若新增感染国家（地区），则迭代次数加一，$u1=u1+1$。

步骤10：任选一个连接到第一层网络中感染节点 $n1_{iu1}$ 的第一层网络中的正常节点 $n1_j$，若第一层网络中节点 $n1_j$ 的进口减少量投产出第二层网络产品的产量超过节点 $n1_j$ 的二层网络产品初始负载，即 $\alpha2$ 超过节点 $n1_j$ 的感染阈值 $\beta_{j,k+1}$，则第二层网络中的节点 $n1_j$ 也被感染，$S2_j=1$。将节点 $n1_j$ 纳入 $A2$ 中，作为第二层网络中下一次迭代的风险源 $n2_{iu2}$。

步骤11：遍历所有连接到第二层网络感染节点 $n2_{iu2}$ 的第二层网络中的正常节点 $n2_j$，重复步骤10；遍历完成后，如果有新增的感染国家（地区），则迭代次数加一，$u2=u2+1$。

步骤12：在有新加入 $A2$ 的感染节点中任选一个节点 $n2_{iu2}$ 作为第二层网络的风险传播源，若任一节点 $n2_j$ 与第二层网络传播源 $n2_{iu2}$ 的第二层贸易进口减少量超过节点 $n2_j$ 第二层产品的初始负载值，即 $\alpha3$ 超过节点 $n2_j$ 的感染阈值 $\beta_{j,k+1}$，那么节点 $n2_j$ 的状态为 $S2j=1$，将节点 $n2_j$ 纳入 $A2$ 中，作为第二层网络中下一次迭代的风险源 $n2_{iu2}$。

步骤13：若连接到第一层网络感染节点 $n1_{iu1}$ 的贸易量的减少比例与连接到第二层网络感染节点 $n2_{iu1}$ 的贸易量的减少比例之和 $\alpha4$ 超过节点 $n2_j$ 的感染阈值 $\beta_{j,k+1}$，那么节点 $n2_j$ 的状态为 $S2j=1$。若在步骤12时迭代次数没有增加，则此时迭代次数加一，$u2=u2+1$，反之则不变。

步骤14：遍历 $A2$ 中所有新加入的异常国家（地区）作为第二层网络的风险传播源，重复步骤12、13；若步骤10时迭代次数没有增加，遍历完成后，如果有新增的感染国家（地区），则迭代次数加一，$u2=u2+1$，反之则不变。

步骤15：比较 $u1$ 与 $u2$ 的值，$u=\max(u1, u2)$，判断 u 是否变化，若无变化，在此结束程序；若存在变化，则进行第 u 次迭代，重复步骤8、9、10、11、12、13、14，直到第一层和第二层网络中均不新增感染节点时，仿真终止。

5.4 半导体产业链多层网络贸易风险传播的关键节点的选取

5.4.1 出口限制传播的半导体制造设备贸易风险关键节点的选取

本节研究关于单个国家（地区）出口限制传播的贸易风险传播机制，首先研究层内国际贸易网络的传播机制，分析单个国家（地区）出口限制传播的不同贸易风险冲击下的风险传播影响范围，进而选取关键节点。然后在研究半导体产业链层间网络的单个节点出口限制传播机制的基础上，研究单个节点出口限制的半导体制造设备贸易风险对半导体制造材料贸易影响的层间风险传播机制，分析单个节点出口限制传播的贸易风险传播影响的范围，进而选取关键节点。

5.4.1.1 出口限制传播的半导体制造设备层内网络关键节点的选取

本节首先模拟了在不同情境下的各国（地区）作为传播源传播到其他国家（地区）的平均数。模拟的具体情境如下：各节点的贸易量的减少比例从0.05增加到1，逐次增加0.05；各节点的抵御风险的阈值从0.05增加到1，且逐次增加0.05。

表5-1是单个国家（地区）出口限制传播的不同供给冲击下2022年半导体制造设备贸易中各国（地区）作为传播源传播层内造成失效国家（地区）的平均数（具体的数据见表格）。根据研究结果可知，有43个国家（地区）作为爆发源发生供应危机对整体网络没有影响，剩余的27个国家（地区）作为爆发源节点均会对整体网络产生影响。从表中发现在半导体制造设备贸易中，影响排名前十的国家（地区）依次为美国、日本、中国、德国、马来西亚、荷兰、新加坡、韩国、中国台湾、法国。从表中可以发现，美国作为爆发源节点时，平均影响的国家（地区）数量是最多的，其次是中国和日本。德国作为爆发源节点，平均会导致9.215个国家（地区）受到影响，位列世界第四。随着马来西亚在半导体制造设备方面的研发投入，其供应危机的影响力超越荷兰，位列世界第五，平均会导致7.29个国家（地区）受到影响。由此可以看出，美国、日本、中国在2022年半导体制造设备贸易中占据重要位置，具有较强的影响能力，与第4章的结论相符合。这表明美国、日本和中国在半导体制造设备的贸易中具有较为复杂的网络结构。此外，美国和日本垄断了半导体制造设备的生产技术优势，导致其在网络中具有较强的独立能力，担负着较强的贸

易来往的重要媒介作用。

表5-1 不同供应冲击下2022年半导体制造设备贸易各节点作为传播源的影响平均值

单位：个

国家（地区）	平均值	国家（地区）	平均值	国家（地区）	平均值
美国	11.29	中国香港	1.0325	阿拉伯联合酋长国	1
日本	10.88	奥地利	1.0225	澳大利亚	1
中国	10.49	孟加拉国	1.02	卢森堡	1
德国	9.215	越南	1	阿根廷	1
马来西亚	7.29	印度	1	爱沙尼亚	1
荷兰	6.9725	菲律宾	1	罗马尼亚	1
新加坡	6.045	泰国	1	白俄罗斯	1
韩国	3.86	墨西哥	1	克罗地亚	1
其他地区	3.56	尼日利亚	1	葡萄牙	1
中国台湾	3.4625	新西兰	1	塞内加尔	1
法国	1.9475	加拿大	1	萨尔瓦多	1
瑞士	1.885	土耳其	1	挪威	1
爱尔兰	1.525	匈牙利	1	缅甸	1
南非	1.525	哥斯达黎加	1	阿曼	1
立陶宛	1.525	柬埔寨	1	斯里兰卡	1
芬兰	1.5	斯洛伐克	1	巴基斯坦	1
意大利	1.335	比利时	1	摩洛哥	1
英国	1.305	印度尼西亚	1	拉脱维亚	1
捷克	1.2875	马耳他	1	埃及	1
波兰	1.1425	丹麦	1	法罗群岛	1
瑞典	1.12	斯洛文尼亚	1	哈萨克斯坦	1
以色列	1.0375	巴西	1	哥伦比亚	1
西班牙	1.0375	保加利亚	1	博茨瓦纳	1

数据来源：根据联合国商品贸易统计数据库整理计算，网址：https://comtradeplus.un.org。

当半导体制成品贸易网络中的主要出口国（地区）发生突发事件，如疫情、严重的经济问题等，这些国家（地区）可能会采取较极端的贸易政策。此时，由于传播风险源节点采取供应中断政策，会对其进行贸易往来的进口国（地区）产生严重的影响。此外，当各个国家（地区）的感染阈值固定时，国家（地区）采取不同的贸易政策对其贸易关联的国家（地区）的传播程度也不相同。因此，本节又基于出口完全中断和固定感染阈值的情景选取半导体制造设备贸易网络的关键节点。

1. 出口完全中断的情景

单个国家（地区）出口限制传播的不同供给冲突下2022年半导体制造设备贸易网络中各国（地区）作为传播源传播层内国家（地区）的数量，本节选取半导体制造设备贸易中的国家（地区）为美国、日本、中国、德国、马来西亚、荷兰、新加坡、韩国、中国台湾、法国。本节以2022年的贸易网络为例，分析这是个关键节点的风险传播影响程度。表5-6为单个节点出口限制传播的供给中断情景下，2022年半导体制造设备贸易中关键节点作为传播源，传播该层网络的节点数量。从表中可以发现，选取的10个国家（地区）在感染阈值为0.05的情况下均会导致网络中的59个节点失效，即84%的半导体制造设备贸易国（地区）都会感染，此时这10个国家（地区）的影响力相同。随着抵御风险阈值不断增大，各节点作为传播源节点影响的节点数开始逐渐减少；当阈值为0.1时，法国作为危机爆发源，其危机导致被影响的节点迅速减少到5个。除法国以外的其他国家（地区）的影响力保持不变；当阈值增加到0.15时，中国台湾、韩国和法国的影响力均下降，此时中国台湾作为风险源节点的影响力在这3个国家（地区）之中最大，其危机会导致9个国家（地区）被传染。除这3个国家（地区）以外的其他国家（地区）的影响力均无变化；随着阈值持续增加到0.35时，只有美国和日本作为风险源会导致网络中的59个国家（地区）被传染，其他国家（地区）的影响力均有所下降，影响力均小于26%；当阈值大于0.4时，中国的影响力开始大于其他9个国家（地区），其作为传播源节点造成失效节点的数量为16个，且阈值每增加0.05时影响的节点数下降的幅度较小。此时，德国的影响力位列世界第二，其影响力仅次于中国，其风险会导致17%的国家（地区）被传染。当阈值增加到1时，此时中国作为爆发源节点会导致网络中的8个国家（地区）发生供应风险。除中国外，美国、马来西亚、荷兰和韩国在此时的影响力相同，其风险均会导致2个节点被传染。

综上所述，单个国家（地区）出口限制半导体制造设备层内贸易风险的情景模拟中，半导体制造设备贸易网络中选取在网络中具有影响能力的美国、日本、中国作为关键节点，对其作为传播源的影响路径进行分析。

2. 固定感染阈值的情景

当各个国家的感染阈值固定时，国家采取不同的贸易政策对与其贸易关联的国家的传播程度也不相同。因此，本节参考郝晓晴[80]的论文，选取0.05作为固定阈值。

表5-7为单个国家（地区）出口限制传播的阈值为0.05情景下，2022年半导体制造设备贸易中关键节点作为传播源，传播该层网络的节点数量。根据模型结果发现，随着各节点的出口量减少比例的增加，贸易网络中被感染的节点数也随之增加。美国、马来西亚、荷兰、韩国在出口量减少比例为5%的情况下，影响的节点数为2，这表明这4个国家的贸易对象中有1个节点的产品高度依赖于该国的出口，即使其产生较小的供应风险也会导致这个节点失效。除以上4个国家以外，中国在出口量减少比例为5%的情况下，会导致8个国家（地区）被传染，这表明主要依赖中国进口半导体制造设备的国家（地区）的数量较多，此时网络中11%的国家（地区）受中国危机的影响；随着各国（地区）的出口量减少比例逐渐增大到25%时，法国、中国台湾和韩国作为危机爆发源的影响力没有变化，但除这3个国家（地区）以外的其他7个国家作为危机爆发源节点，供应危机均会导致网络中的59个国家（地区）被传染，此时这几个国家的影响力相同，均会导致网络中84%的国家（地区）受影响；当出口量减少比例低于45%时，法国作为危机传播源节点，其供应风险会影响网络中的5个国家（地区）。除法国以外的其他9个国家（地区）的影响力均无明显变化。随着出口减少比例增加到85%，选取的10个国家（地区）作为传播源节点均会导致网络中59个国家（地区）失效，此时10个国家（地区）的影响力是相同的。随后，这10个国家（地区）作为风险爆发源节点的影响力不再随出口减少比例增加而增强。

综上所述，单个国家（地区）出口限制半导体制造设备贸易风险的情景模拟中，半导体制造设备贸易网络中选取在网络中较具有影响能力的美国、日本、中国作为关键节点，并对其传播源的影响路径进行分析。

5.4.1.2 出口限制传播的半导体制造设备层间网络关键节点的选取

表5-2是单个国家（地区）出口限制传播时的不同供应冲击下2022年半导体制造设备贸易中的各国（地区）作为传播源时，风险传播通过层间网络传播到半导体制造材料贸易网络中造成的失效国家（地区）的平均数。根据研究结果可知，半导体制造设备网络中有29个国家（地区）作为爆发源发生供应危机对半导体制造材料网络没有影响，剩余的24个国家（地区）作为爆发源节点均会对半导体制造材料网络产生影响。从表中可以发现，在半导体制造设备贸易中，影响排名前十的国家

（地区）依次为德国、中国、日本、美国、马来西亚、荷兰、法国、新加坡、中国台湾、韩国。从表中可以发现，德国作为爆发源节点时，平均影响的国家（地区）数量是最多的，其次是中国和日本。美国作为爆发源节点，平均会导致13.185个国家（地区）受到影响，位列世界第四。通过对比可以发现，德国作为半导体制造设备网络中危机传播源对半导体制造材料网络的层间影响力与其在层内的影响力有一定的差别。德国在半导体制造设备层内网络的影响力远低于层间网络。美国和日本在半导体制造设备层间网络风险传播影响力非常相近。此外，本书还发现与单层网络传播相比，多层网络影响程度的排名变化不大，影响力位列前十的国家（地区）与单层网络中完全相同，排列顺序稍有差别。

表5-2　2022年半导体制造设备贸易各节点作为传播源，制造材料网络平均感染节点数

单位：个

国家（地区）	平均值	国家（地区）	平均值	国家（地区）	平均值
德国	15.89	以色列	1.3	印度尼西亚	1
中国	14.22	西班牙	1.3	爱尔兰	1
日本	13.9025	中国香港	1.195	卢森堡	1
美国	13.185	孟加拉国	1.16	墨西哥	1
马来西亚	10.8275	奥地利	1.13	摩洛哥	1
荷兰	8.055	澳大利亚	1	新西兰	1
法国	7.3525	白俄罗斯	1	菲律宾	1
新加坡	7.2175	比利时	1	葡萄牙	1
中国台湾	5.3625	保加利亚	1	罗马尼亚	1
韩国	4.3575	加拿大	1	斯洛伐克	1
波兰	3.8825	哥伦比亚	1	斯洛文尼亚	1
芬兰	3.78	哥斯达黎加	1	南非	1
意大利	3.725	克罗地亚	1	斯里兰卡	1
英国	2.7	丹麦	1	土耳其	1
瑞典	2.6925	爱沙尼亚	1	泰国	1
瑞士	2.43	法罗群岛	1	越南	1
捷克	2.065	匈牙利	1		
立陶宛	1.95	印度	1		

数据来源：联合国商品贸易统计数据库整理计算，网址：https://comtradeplus.un.org。

　　同上，本节基于出口完全中断和固定感染阈值的情景选取半导体制造设备网络对半导体制造材料网络影响的关键节点。

　　1.出口完全中断情景

　　表5-8是由单个国家（地区）出口限制传播的供给中断情景下，2022年半导体制造材料贸易中各国（地区）作为传播源时，半导体制造材料贸易网络中被传染的节点数量。根据上文分析结果，本节选择的半导体制造设备贸易网络中的国家（地区）为德国、中国、日本、美国、马来西亚、荷兰、法国、新加坡、中国台湾、韩国。从表中可以发现，在各国（地区）阈值为0.05的情况下，德国、中国、日本、马来西亚、荷兰、新加坡和韩国作为爆发源节点的风险传播，均会影响半导体制造材料贸易网络中的77个国家（地区），此时制造材料贸易网络中的88.5%的国家（地区）均被感染。美国和中国台湾作为爆发源节点则导致76个国家（地区）被感染，即网络的87.36%的国家（地区）会受到这2个节点的影响，法国作为初始节点则会导致75个国家（地区）受到感染。即此时网络中的绝大多数国家（地区）均会受到危机的影响。随着阈值的不断增大，韩国、中国台湾、新加坡、法国、荷兰这几个国家（地区）的影响力迅速降低，当阈值增长到0.35时，这5个国家（地区）在制造设备中的供应危机将不会导致制造材料网络中的任何一个贸易国（地区）受到影响。除这5个国家（地区）以外的其他国家（地区）其影响力虽然也在降低，但是变化幅度相对较小；当各国（地区）的阈值大于0.45时，除了上述5个国家（地区）以外，日本和美国在此时的供应危机导致下层网络中失效节点的数量也降为0。即此时仅有德国、中国和马来西亚作为危机爆发源节点会导致下层网络中的部分国家（地区）被传染，其中德国的影响力位列第一，会导致39个国家（地区）被传染，占网络的50.65%；当阈值为1时，没有任何一个国家（地区）在半导体制造设备网络中发生供应危机时会导致半导体制造材料网络危机。

　　2.固定感染阈值情景

　　表5-9为单个国家（地区）出口限制传播的阈值为0.05的情景下，2022年半导体制造设备贸易中各国（地区）作为传播源时，半导体制造材料贸易网络中被传染的节点数量。本研究发现，与上述研究现象一致，在固定阈值的情况下，随着各国（地区）出口量减少的比例逐渐增大，网络中被感染的节点数量也随之增加。具体情况如下：在固定阈值的情况下，当出口量减少比例为5%时，半导体制造设备网络中的任何一个国家（地区）作为爆发源节点均不会导致制造材料网络中的任意国家（地区）感染；当出口量减少比例增大到10%时，德国、中国、马来西亚这3个

国家作为爆发源节点时，会使制造材料网络中的部分国家（地区）受到影响。当出口减少比例为15%时，排名前5的国家（地区）的供应危机均会对半导体制造材料网络产生影响。此时，日本作为风险传播源，其影响力迅速增大并位列第一，该国的供应危机会导致下层网络的72个国家（地区）被传染，即82.76%的国家（地区）均被感染；出口量减少比例为35%时，以上10个国家（地区）的供应危机均会导致下层网络中的节点被传染，此时日本和美国的影响力最大。当出口量减少比例大于到80%时，此时10个国家（地区）中的任何一个在制造设备网络中的供应危机均会导致制造材料网络中的绝大多数国家（地区）被传染，并且各国（地区）的影响力不再随出口减少比例的增加而增强。

综上所述，在单个国家（地区）出口限制半导体制造设备的层间贸易风险的情景模拟中，在半导体制造设备贸易网络中选取的网络中影响力较强的节点分别是德国、中国、日本，并对三者进行传播路径的分析。

5.4.2 出口限制传播的半导体制造材料贸易风险关键节点的选取

5.4.2.1 出口限制传播的半导体制造材料层内网络关键节点的选取

表5-3是单个国家（地区）出口限制传播的不同供给冲击下2022年半导体制造材料贸易中各国（地区）作为传播源传播层内的造成失效国家（地区）的平均值（具体的数据见表5-3）。根据研究结果可知，有45个国家（地区）作为爆发源发生供应危机对整体网络没有影响，其余的国家（地区）发生供应危机均会对网络产生影响。排名前十的影响最大的国家（地区）分别是中国、日本、美国、德国、中国台湾、韩国、瑞士、卡塔尔、法国、新加坡。这是因为这些国家（地区）在网络中有较为复杂的网络结构和连接关系。中国作为传播源时，其爆发危机可以导致整体网络中平均有17.2175个国家（地区）被感染，且是新加坡的5倍左右；日本作为传播源时其影响范围仅次于中国，平均会造成16.6个国家（地区）发生供应危机；美国作为传播源时，其供应危机平均会导致14.1975个国家（地区）受到影响，其影响力位列世界第三。由此可见，在2022年的半导体制造材料贸易网络中，中国作为传播源节点时其影响力位列全球第一，其影响力不可忽略。

表5-3 不同供应冲击下2022年半导体制造材料贸易各节点作为传播源的影响平均值

单位：个

国家（地区）	平均值	国家（地区）	平均值	国家（地区）	平均值	国家（地区）	平均值
中国	17.2175	比利时	1.385	以色列	1	斯里兰卡	1
日本	16.6	荷兰	1.3	加拿大	1	哥伦比亚	1
美国	14.1975	波兰	1.3	菲律宾	1	阿曼	1
德国	10.27	瑞典	1.2575	乌克兰	1	希腊	1
中国台湾	7.5725	澳大利亚	1.2025	爱尔兰	1	新西兰	1
韩国	5.95	土耳其	1.1775	挪威	1	博茨瓦纳	1
瑞士	3.76	北马其顿	1.1125	印度尼西亚	1	危地马拉	1
卡塔尔	3.55	中国香港	1.1	芬兰	1	科威特	1
法国	3.3375	斯洛文尼亚	1.085	埃及	1	卢森堡	1
新加坡	3.28	捷克	1.08	巴西	1	秘鲁	1
英国	3.185	保加利亚	1.0675	卢旺达	1	乌兹别克斯坦	1
意大利	2.5575	立陶宛	1.0525	斯洛伐克	1	缅甸	1
泰国	2.32	匈牙利	1.05	罗马尼亚	1	马耳他	1
奥地利	1.8025	塞尔维亚	1.045	巴林	1	萨尔瓦多	1
越南	1.7975	拉脱维亚	1.04	葡萄牙	1	毛里塔尼亚	1
西班牙	1.7475	丹麦	1.035	中国澳门	1	阿塞拜疆	1
马来西亚	1.715	墨西哥	1.03	智利	1	文莱达鲁萨兰国	1
南非	1.525	克罗地亚	1.005	哥斯达黎加	1	肯尼亚	1
特立尼达和多巴哥	1.525	尼日利亚	1	白俄罗斯	1	摩洛哥	1
俄罗斯	1.4675	柬埔寨	1	阿根廷	1	亚美尼亚	1
阿拉伯联合酋长国	1.4075	印度	1	爱沙尼亚	1	多米尼加共和国	1

数据来源：联合国商品贸易统计数据库整理计算，网址：https://comtradeplus.un.org。

同上述，本节还基于出口完全中断和固定感染阈值的情况选取半导体制造材料贸易网络的关键节点。

1. 出口完全中断情景

表5-10是由单个国家（地区）出口限制传播的供给中断情景下，2022年半导体制造材料贸易中各国（地区）作为传播源，传播该层网络的节点数量，根据上文分析结果可知，本节选择的半导体制造材料贸易网络中的国家（地区）为中国、日本、美国、德国、中国台湾、韩国、瑞士、卡塔尔、法国、新加坡。从表中可以发现，在各国（地区）阈值为0.05的情况下，卡塔尔作为爆发源节点的风险传播将会影响79个国家（地区），占整个网络的91%。除卡塔尔以外的其他9个国家（地区）在此阈值情况下，作为爆发源均会导致77个国家（地区）发生供应危机，即网络89%的国家（地区）会受到这几个国家的影响爆发危机，即此时网络中的绝大多数国家（地区）均会受到危机的影响。随着阈值的不断增大，卡塔尔、法国、新加坡这3个国家的影响力迅速降低，当阈值增长到0.1时，这3个国家的危机导致整个网络失效的节点数约为整体网络的10%，除这3个国家以外的国家（地区）其影响力均无较大的变化。当各国（地区）的阈值大于0.4时，大部分国家（地区）供应危机爆发的，影响力均下降到10%，此时仅有日本作为爆发源节点时，其危机会影响74个国家（地区），占整体网络的85%。各国（地区）的阈值大于0.45时，此时只有中国作为爆发源节点时影响力反超日本位列世界第一，其次是美国。中国和美国作为危机爆发源节点导致网络中的失效节点，随着阈值的增加其下降幅度相较于其他8个国家（地区）更小。当阈值为1时，此时美国和中国作为爆发源节点，分别会导致网络中的6个和5个国家（地区）被传染。除美国和中国以外，卡塔尔、法国和新加坡此时也会导致2个国家（地区）被传染。

2. 固定感染阈值情景

表5-11为单个国家（地区）出口限制传播的阈值为0.05的情景下，2022年半导体制造材料贸易中各国（地区）作为传播源，传播该层网络的节点数量。本研究发现，与上述研究现象一致，在固定阈值的情况下，随着各国（地区）出口量减少的比例逐渐增大，网络中被感染的节点数量也随之增加。具体情况如下：在固定阈值的情况下，各国（地区）出口量减少的比例在5%时，除了中国、美国、卡塔尔、法国和新加坡以外的5个国家（地区）作为爆发源节点均不会导致网络中的任意国家（地区）感染。此时，美国作为爆发源节点会导致网络中的6个国家（地区）失效。随着出口量减少比例增加到20%，此时中国、美国、日本和德国作为风险传播源节点，其影响力相同。这4个国家的供应风险均会导致网络中的74个国家（地区）失效。当出口量减少比例为25%时，中国、日本、美国、德国、中国台湾这5

个国家（地区）作为爆发源节点时，均会导致网络中76个国家（地区）被感染，此时网络内87%的贸易国（地区）均受到供应危机的影响。卡塔尔作为爆发源节点，导致8个国家和地区均被传染，其影响力仅次于上述5个国家（地区）。当出口减少比例为60%时，除卡塔尔外的其他9个国家（地区）的危机的影响力相同，其危机均会导致网络中77个国家（地区）被传染，并且此后其影响力不随出口比例的减小而增强。此时，卡塔尔作为风险传播源，其危机会导致11个国家（地区）被传染。然而，随着出口量减少比例持续增加到85%，卡塔尔作为爆发源节点会导致79个国家（地区）被感染，其影响力位列世界第一，参与贸易的国家（地区）几乎都会被感染。除卡塔尔以外的其他9个国家（地区）的影响力均没有发生变化，仍然会感染77个国家（地区）。当出口量减少比例大于85%时，各国（地区）的影响力不随出口减少比例的增加而增强。

综上所述，在单个国家（地区）出口限制半导体制造材料贸易风险的情景模拟中，半导体制造材料贸易往来中选取的网络中影响力较强的节点分别是中国、日本、美国。

5.4.2.2 出口限制传播的半导体制造材料层间网络关键节点的选取

表5-4是单个国家（地区）出口限制传播时的不同供应冲击下2022年半导体制造材料贸易中的各国（地区）作为传播源时，风险传播通过层间网络传播到半导体制成品贸易网络中造成的失效国家（地区）的平均数（具体的数据见表格）。根据研究结果可知，半导体制造设备网络中有21个国家（地区）作为爆发源发生供应危机对制造材料网络没有影响，剩余的38个国家（地区）作为爆发源节点均会对制成品网络产生影响。从表中可以发现，在半导体制造材料贸易中，影响排名前十的国家（地区）依次为中国、美国、日本、德国、韩国、中国台湾、卡塔尔、西班牙、法国、波兰。从表中可以发现，中国作为爆发源节点时，平均影响的国家（地区）数量是最多的，其次是美国和日本。德国作为爆发源节点，平均会导致20.4425个国家（地区）受到影响，位列世界第四。通过对比可以发现，美国作为半导体制造材料网络中危机传播源，对半导体制成品网络的层间影响力与其在层内的影响力有一定的差别。美国在半导体制造材层间网络的影响力大于日本，这与半导体层间贸易网络的结果相反。此外，本书还发现与单层网络传播相比，多层网络影响程度的排名变化不大，影响力位列前十的国家（地区）中瑞士和新加坡的地位被西班牙和波兰取代，整体的排序有微小的变化。

表5-4 不同供应冲击下2022年半导体制造材料贸易各节点作为传播源时，制成品网络平均感染的
节点数量

单位：个

国家（地区）	平均值	国家（地区）	平均值	国家（地区）	平均值
中国	42.005	奥地利	2.9075	柬埔寨	1
美国	32.685	越南	2.7125	加拿大	1
日本	26.8575	斯洛文尼亚	2.7	爱沙尼亚	1
德国	20.4425	北马其顿	2.6075	芬兰	1
韩国	17.4425	捷克	2.515	希腊	1
中国台湾	16.03	保加利亚	1.9775	印度	1
卡塔尔	14.7275	拉脱维亚	1.9625	印度尼西亚	1
西班牙	14.625	匈牙利	1.795	爱尔兰	1
法国	11.8475	土耳其	1.785	以色列	1
波兰	7.45	塞尔维亚	1.775	肯尼亚	1
比利时	7.125	立陶宛	1.7475	马耳他	1
泰国	6.675	丹麦	1.49	挪威	1
意大利	6.4575	特立尼达和多巴哥	1.475	其他欧洲地区	1
新加坡	5.8925	墨西哥	1.42	菲律宾	1
瑞士	5.865	马来西亚	1.275	葡萄牙	1
荷兰	5.32	克罗地亚	1.17	罗马尼亚	1
瑞典	4.9675	阿拉伯联合酋长国	1.14	斯洛伐克	1
中国香港	4.3575	俄罗斯	1.07	南非	1
英国	3.98	亚美尼亚	1	乌克兰	1
澳大利亚	3.43	白俄罗斯	1		

数据来源：联合国商品贸易统计数据库整理计算，网址：https://comtradeplus.un.org。

同上述，本节还基于出口完全中断和固定感染阈值的情况选取半导体制造材料贸易网络的关键节点。

1. 出口完全中断情景

表5-12是由单个国家（地区）出口限制传播的供给中断情景下，2022年半导体制造材料贸易中各国（地区）作为传播源时，半导体制成品贸易网络中被传染的节点数量。根据上文分析结果可知，本节选择的半导体制造材料贸易网络中的国家

（地区）为中国、美国、日本、德国、韩国、中国台湾、卡塔尔、西班牙、法国、波兰。从表中可以发现，在各国（地区）阈值为0.05的情况下，美国、日本、德国、中国台湾、法国作为爆发源节点的风险传播均会导致半导体制成品贸易网络中的136个国家（地区）感染，此时半导体制成品网络中的88.31%的国家（地区）均被感染。中国作为爆发源节点则导致131个国家（地区）被感染，即网络中85.06%的国家（地区）会受到中国的影响，卡塔尔作为初始节点则会导致106个国家（地区）受到感染。然而，西班牙和波兰的影响力相较于其他8个国家（地区）更小。其供应危机分别会导致35个和31个国家（地区）失效。即此时除了西班牙和波兰以外的8个国家（地区）的供应风险会导致半导体制成品网络中的绝大多数国家（地区）均受到危机的影响。随着阈值的不断增大，日本、德国、韩国、中国台湾、波兰这几个国家（地区）的影响力迅速降低，当阈值增长到0.6时，这5个国家（地区）在制造材料网络中的供应危机将不会导致半导体制成品网络中的任何一个贸易国（地区）受到影响。除了这5个国家（地区）以外的国家（地区）其影响力虽也在降低，但是变化幅度相对较小；当各国（地区）的阈值大于0.8时，除了上述5个国家（地区）以外，卡塔尔在此时的供应危机导致下层网络中失效节点的数量也降为0。即此时仅有中国、美国、西班牙和法国作为危机爆发源节点会导致下层网络中的部分国家（地区）被传染，其中中国的影响力位列第一，会导致69个国家（地区）被传染，占网络的44.81%；当阈值为1时，没有任何一个国家（地区）在半导体制造设备网络中发生供应危机时会导致半导体制造材料网络的危机发生。

2.固定感染阈值情景

表5-13为单个国家（地区）出口限制传播的阈值为0.05的情景下，2022年半导体制造材料贸易中各国（地区）作为传播源时，半导体制成品贸易网络中被传染的节点数量。本研究发现，与上述研究现象一致，在固定阈值的情况下，随着各国（地区）出口量减少的比例逐渐增大，网络中被感染的节点数量也随之增加。具体情况如下：在固定阈值的情况下，当出口量减少比例为5%时，半导体制造材料贸易网络中的任何一个国家（地区）作为爆发源节点均不会导致制成品贸易网络中的任意国家（地区）被感染；当出口量减少比例增大到10%时，除了中国台湾和波兰以外的8个国家作为爆发源节点时，均会使半导体制成品网络中的部分国家（地区）受到影响。当出口减少比例为15%时，以上10个国家（地区）在半导体制造材料贸易网络中的供应危机均会导致半导体制成品贸易网络中的国家（地区）被传染。此时，中国作为风险传播源，其影响力迅速增大，该国的供应危机会导致下层网络的

105个国家（地区）被传染，即68.18%的国家（地区）均被感染；出口量减少比例为25%时，日本的供应危机所影响下层网络异常节点的数量率先增大到136个，此时位列世界第一。中国仅次于日本，其供应危机会导致制成品网络中的120个国家（地区）被传染，占整体网络的77.92%。当出口量减少比例大于80%时，10个国家（地区）中的任何一个在半导体制造材料网络中的供应危机均会导致半导体制成品网络中的绝大多数国家（地区）被传染，并且各国（地区）的影响力不再随出口减少比例的增加而增强。

综上所述，在单个国家（地区）出口限制半导体制造材料的层间贸易风险的情景模拟中，在半导体制造材料贸易网络中选取的网络中影响力较强的节点分别是中国、美国、日本，并对三者进行传播路径的分析。

5.4.3　出口限制传播的半导体制成品贸易风险关键节点的选取

表5-5是单个国家（地区）出口限制传播的不同供给冲击下2022年半导体制成品贸易各节点作为传播源的影响平均值［具体的数据见表5-5，没有列举出的国家（地区）的值均为1］。从表中的研究结果可知，在不同情景的模拟中有51个国家（地区）作为传播源时会使网络中的其他国家被传染，其余的102个国家（地区）的出口量发生任何变化对参与贸易的其他国家（地区）均没有产生影响。排名前十影响最大的国家（地区）依次是中国、中国台湾、韩国、马来西亚、美国、新加坡、德国、日本、荷兰、中国香港。其中，中国作为半导体制成品贸易网络中的风险传播源时，网络中平均有37.9925个国家（地区）被感染，约为位列第三的韩国传染平均数量的3倍。由此可见，在2022年半导体制成品贸易网络中，中国作为传播源节点对其他国家（地区）的影响范围不容忽略。中国台湾的影响力仅次于中国，位列世界第二。韩国作为供应风险传播源节点时，网络内平均会有13.98个国家（地区）受到感染，位列世界第三。

表5-5　不同供应冲击下2022年半导体制成品贸易各节点作为传播源的影响平均值

单位：个

国家（地区）	平均值	国家（地区）	平均值	国家（地区）	平均值	国家（地区）	平均值
中国	37.9925	韩国	13.98	美国	11.4575	德国	7.4725
中国台湾	29.365	马来西亚	12.6875	新加坡	8.9975	日本	6.4325

国家（地区）	平均值	国家（地区）	平均值	国家（地区）	平均值	国家（地区）	平均值
荷兰	6.29	希腊	1.105	匈牙利	1	乌兹别克斯坦	1
中国香港	4.6325	印度尼西亚	1.0975	罗马尼亚	1	阿曼	1
法国	3.8225	爱沙尼亚	1.095	哥斯达黎加	1	克罗地亚	1
越南	3.445	俄罗斯	1.08	加拿大	1	肯尼亚	1
以色列	3.0075	捷克	1.075	柬埔寨	1	多米尼加共和国	1
泰国	2.7325	瑞典	1.065	巴基斯坦	1	拉脱维亚	1
英国	2.705	萨尔瓦多	1.06	马耳他	1	秘鲁	1
菲律宾	2.4275	自由区	1.0525	丹麦	1	亚美尼亚	1
西班牙	2.2925	阿尔巴尼亚	1.04	摩洛哥	1	缅甸	1
葡萄牙	2.15	哈萨克斯坦	1.0375	黎巴嫩	1	塞浦路斯	1
南非	1.615	芬兰	1.035	斯洛伐克	1	安哥拉	1
阿拉伯联合酋长国	1.5325	其他地区	1.03	保加利亚	1	斯里兰卡	1
印度	1.36	其他欧洲地区	1.0275	突尼斯	1	科特迪瓦	1
波兰	1.3575	毛里求斯	1.025	乌克兰	1	布基纳法索	1
墨西哥	1.31	巴拿马	1.0225	智利	1	厄瓜多尔	1
瑞士	1.2475	卢森堡	1.0175	立陶宛	1	波斯尼亚和黑塞哥维那	1
巴西	1.2125	埃及	1.015	挪威	1	卡塔尔	1
澳大利亚	1.1875	比利时	1.01	尼日利亚	1	纳米比亚	1
意大利	1.175	土耳其	1.0075	塞尔维亚	1	巴拉圭	1
哥伦比亚	1.14	阿根廷	1.0075	约旦	1	摩尔多瓦共和国	1
斯洛文尼亚	1.14	北马其顿	1.0075	中国澳门	1	危地马拉	1
奥地利	1.1175	爱尔兰	1	新西兰	1	马达加斯加	1

数据来源：联合国商品贸易统计数据库整理计算，网址：https://comtradeplus.un.org。

本节基于出口完全中断和固定感染阈值的情况选取半导体制成品环节的关键节点。

1. 出口完全中断情景

类似地，由单个国家（地区）出口限制传播的不同供给冲击下2022年半导体制成品贸易中各国（地区）作为传播源传播的节点平均数，本节选取了10个国家（地区）进行分析：中国、中国台湾、韩国、马来西亚、美国、新加坡、德国、日本、荷兰、中国香港。表5-14为单个国家（地区）出口限制传播的供给中断情景下2022年半导体制成品贸易中关键节点作为传播源，传播该层网络的节点数量。从表中结果可以发现，在供给完全中断的情况下，当阈值为0.05时，这10个国家（地区）作为爆发源均会感染网络中的136个国家（地区），即参与半导体制成品贸易的大部分国家（地区）均会被感染。随着阈值不断增加到0.4，除了中国台湾作为爆发源节点其供应风险会使网络中136个国家（地区）被传染以外，其他9个国家（地区）的影响力大幅度降低。中国作为风险传播源节点影响力仅次于中国台湾，其供应危机会使网络中参与贸易的89个国家（地区）被传染，即此时网络中有58%的国家（地区）均被传染。此时美国作为爆发源节点会将危机传染给7个国家（地区）。当阈值增加到0.45时，中国台湾的影响力断崖式下跌，其发生供应危机仅导致网络中的2个国家（地区）受到影响，此时除了中国、美国、新加坡、荷兰和中国台湾以外的其他国家（地区）作为危机爆发源节点所导致的被感染节点数量均为0，即此时无论其出口量如何变化，均不会引起网络中的任意一个节点被感染。根据研究发现，随着阈值的持续增加，大部分国家（地区）作为爆发源节点导致网络中被感染的节点数迅速减少，但中国和德国作为危机爆发源节点时，随着阈值的逐渐增加，其影响力降低的幅度较小，危机传播的节点数减少的幅度没有断崖式下跌的趋势。

2. 固定感染阈值情景

表5-15为单个国家（地区）出口限制传播的阈值为0.05情景下，2022年半导体制成品贸易中关键节点作为传播源，传播该层网络的节点数量。本节研究发现，在固定阈值的情况下，随着各国（地区）出口量减少的比例逐渐增大，网络中被感染的节点数量也随之增加。在阈值为0.05的情况下，当各国（地区）的出口量的减少比例为5%时，除中国和新加坡以外的其他国家（地区）作为供应危机爆发源节点，均不会导致网络中的任意国家（地区）被传染。此时，中国作为爆发源节点会导致6个国家（地区）受影响。当各国（地区）的出口量的减少比例在10%到20%之间时，中国作为爆发源节点的影响力开始迅速增强，在中国的出口量减少比例为15%时，中国的供应风险会导致网络中的136个国家（地区）被传染，即网络中有87%

的国家（地区）均被传染。此时，中国台湾作为危机传播源节点的影响力也迅速增强，其供应危机同样导致136个国家（地区）被传染。当各国（地区）的出口量减少比例增加到25%时，中国、中国台湾、韩国、马来西亚作为风险传播源节点的影响力相同，其危机均会导致网络中的136个国家（地区）被传染，并且其影响力不再随着出口量减少比例的增加而变动。此时，德国作为危机爆发源的影响力仅次于这四个国家（地区），其危机会导致23个国家（地区）被传染。当各国（地区）出口量的减少比例持续增加到55%时，这10个国家（地区）作为爆发源节点导致网络中失效的国家（地区）数相同，均会导致136个国家（地区）受到影响。即此时网络中绝大部分节点均受到感染。之后，网络中失效的节点数不会随着出口量的减少比例的增加而变动，失效节点的比例稳定在整体网络的87%。

综上所述，在单个国家（地区）出口限制半导体制成品贸易风险的情景模拟中，半导体制造材料贸易往来中选取的网络中影响力较强的节点分别为中国、中国台湾、韩国，并将其作为传播源的影响路径进行分析。

5.5　半导体产业链多层网络贸易风险传播路径

5.5.1　半导体制造设备贸易网络关键节点贸易风险传播路径

5.5.1.1　出口限制传播的半导体制造设备层内网络关键节点贸易风险传播路径

根据上文单个国家（地区）出口限制传播的半导体制造设备层内风险关键节点的选取，本节将半导体制造设备贸易网络中较具影响力的美国、日本、中国作为关键节点，对其作为传播源的影响路径进行分析，并对各关键节点进行传播路径分析。表5-16、表5-19、表5-22分别表示当各国（地区）出口中断，抵御风险的阈值从0.05增加到1，且逐次增加0.05时，美国、日本、中国分别作为半导体制造设备网络传播源，每个时期累计被感染的节点数，其中T为感染的时期。同理，表5-17、表5-20、表5-23分别表示各国（地区）阈值固定为0.05，风险传播系数从0.05增加到1时，以上3个国家作为传播源时具体的风险传播过程。根据本书的模拟结果，本书选取T1至T8时期。

表5-6　出口限制传播的供给中断情景下，2022年半导体制造设备贸易中关键节点作为传播源，传播该层网络的节点数量

单位：个

国家（地区）	0.05	0.1	0.15	0.2	0.25	0.3	0.35	0.4	0.45	0.5	0.55	0.6	0.65	0.7	0.75	0.8	0.85	0.9	0.95	1
美国	59	59	59	59	59	59	59	3	2	2	2	2	2	2	2	2	2	2	2	1
日本	59	59	59	59	59	59	59	2	1	1	1	1	1	1	1	1	1	1	1	2
中国	59	59	59	20	19	19	18	16	14	12	11	11	11	11	10	9	9	9	9	8
德国	59	59	59	59	59	18	13	12	7	6	4	1	1	1	1	1	1	1	1	1
马来西亚	59	59	59	59	3	3	3	2	2	2	2	2	2	2	2	2	2	2	2	2
荷兰	59	59	59	59	3	2	2	2	2	2	2	2	2	2	2	2	2	2	2	2
新加坡	59	59	59	59	3	3	1	1	1	1	1	1	1	1	1	1	1	1	1	1
韩国	59	59	4	2	2	2	2	2	2	2	2	2	2	2	2	2	2	2	2	2
中国台湾	59	59	9	1	1	1	1	1	1	1	1	1	1	1	1	1	1	1	1	1
法国	59	5	3	3	3	3	1	1	1	1	1	1	1	1	1	1	1	1	1	1

数据来源：联合国商品贸易统计数据库整理计算，网址：https://comtradeplus.un.org。

表5-7 出口限制传播的阈值为0.05情景下，2022年半导体制造设备贸易中关键节点作为传播源，传播该层网络的节点数量

单位：个

国家（地区）	0.05	0.1	0.15	0.2	0.25	0.3	0.35	0.4	0.45	0.5	0.55	0.6	0.65	0.7	0.75	0.8	0.85	0.9	0.95	1
美国	2	2	59	59	59	59	59	59	59	59	59	59	59	59	59	59	59	59	59	59
日本	1	1	59	59	59	59	59	59	59	59	59	59	59	59	59	59	59	59	59	59
中国	8	12	19	19	20	59	59	59	59	59	59	59	59	59	59	59	59	59	59	59
德国	1	6	13	59	59	59	59	59	59	59	59	59	59	59	59	59	59	59	59	59
马来西亚	2	2	3	3	59	59	59	59	59	59	59	59	59	59	59	59	59	59	59	59
荷兰	2	2	2	3	59	59	59	59	59	59	59	59	59	59	59	59	59	59	59	59
新加坡	1	1	1	3	59	59	59	59	59	59	59	59	59	59	59	59	59	59	59	59
韩国	2	2	2	2	2	3	4	5	59	59	59	59	59	59	59	59	59	59	59	59
中国台湾	1	1	1	1	1	2	9	11	59	59	59	59	59	59	59	59	59	59	59	59
法国	1	1	1	3	3	3	3	4	5	5	7	8	8	8	8	9	59	59	59	59

数据来源：联合国商品贸易统计数据库整理计算，网址：https://comtradeplus.un.org。

表5-8 出口限制传播的供给中断情景下，2022年半导体制造设备贸易中关键节点作为传播源时，传播半导体制造材料贸易网络的节点数量

单位：个

国家（地区）	0.05	0.1	0.15	0.2	0.25	0.3	0.35	0.4	0.45	0.5	0.55	0.6	0.65	0.7	0.75	0.8	0.85	0.9	0.95	1
德国	77	75	74	73	69	61	47	41	39	29	28	1	1	1	1	1	1	1	0.95	1
中国	77	76	62	56	51	50	48	28	28	20	9	9	9	9	8	4	4	4	4	1
日本	77	76	76	76	76	72	70	18	1	1	1	1	1	1	1	1	1	1	1	1
美国	76	76	75	75	73	69	66	9	1	1	1	1	1	1	1	1	1	1	1	1
马来西亚	77	74	66	63	9	9	9	9	9	9	9	9	9	9	9	9	9	9	9	1
荷兰	77	75	71	64	2	1	1	1	1	1	1	1	1	1	1	1	1	1	1	1
法国	75	61	51	42	29	29	1	1	1	1	1	1	1	1	1	1	1	1	1	1
新加坡	77	76	72	70	1	1	1	1	1	1	1	1	1	1	1	1	1	1	1	1
中国台湾	76	75	58	1	1	1	1	1	1	1	1	1	1	1	1	1	1	1	1	1
韩国	77	75	4	1	1	1	1	1	1	1	1	1	1	1	1	1	1	1	1	1

数据来源：联合国商品贸易统计数据库整理计算，网址：https://comtradeplus.un.org。

表5-9 出口限制传播的阈值为0.05情景下，2022年半导体制造设备贸易中关键节点作为传播源时，传播半导体制造材料贸易网络的节点数量

单位：个

国家（地区）	0.05	0.1	0.15	0.2	0.25	0.3	0.35	0.4	0.45	0.5	0.55	0.6	0.65	0.7	0.75	0.8	0.85	0.9	0.95	1
德国	1	29	56	69	73	74	74	75	75	75	75	76	76	76	76	76	76	76	77	77
中国	1	20	48	51	56	61	72	76	76	76	76	76	76	76	76	76	77	77	77	77
日本	1	1	72	76	76	76	76	76	76	76	76	77	77	77	77	77	77	77	77	77
美国	1	1	67	73	75	75	75	76	76	74	76	76	76	76	76	76	76	76	76	76
马来西亚	1	9	9	9	63	65	70	71	73	74	74	76	76	77	77	77	77	77	77	77
荷兰	1	1	1	2	64	71	71	75	75	75	75	77	77	77	77	77	77	77	77	77
法国	1	1	1	29	42	46	53	55	58	61	62	63	65	65	65	75	75	75	75	75
新加坡	1	1	1	1	70	72	72	76	76	76	76	77	77	77	77	77	77	77	77	77
中国台湾	1	1	1	1	1	43	59	61	74	75	75	76	76	76	76	76	76	76	76	76
韩国	1	1	1	1	1	1	4	53	75	75	75	76	76	76	76	76	76	76	77	77

数据来源：联合国商品贸易统计数据库整理计算，网址：https://comtradeplus.un.org。

表5-10　出口限制传播的供给中断情景下，2022年半导体制造材料贸易中关键节点作为传播源，传播该层网络的节点数量

单位：个

国家（地区）	0.05	0.1	0.15	0.2	0.25	0.3	0.35	0.4	0.45	0.5	0.55	0.6	0.65	0.7	0.75	0.8	0.85	0.9	0.95	1
中国	77	76	76	76	74	74	74	25	22	17	17	14	10	8	8	8	7	7	7	1
日本	77	76	76	76	74	74	74	74	2	2	1	1	1	1	1	1	1	1	7	5
美国	77	76	76	76	74	74	14	12	11	11	10	9	7	7	7	7	7	6	6	6
德国	77	76	76	76	74	13	10	3	2	2	2	1	1	1	1	1	1	1	1	1
中国台湾	77	76	76	76	3	3	2	2	1	1	1	1	1	1	1	1	1	1	1	1
韩国	77	76	76	4	4	3	3	3	3	2	1	1	1	1	1	1	1	1	1	1
瑞士	77	76	5	2	2	2	2	2	2	1	1	1	1	1	1	1	1	1	1	1
卡塔尔	79	9	8	8	5	5	5	5	5	4	4	4	4	4	4	2	2	2	2	2
法国	77	10	3	2	2	2	2	2	2	2	2	2	2	2	2	2	2	2	2	2
新加坡	77	4	3	2	2	2	2	2	2	2	2	2	2	2	2	2	2	2	2	2

数据来源：联合国商品贸易统计数据库整理计算，网址：https://comtradeplus.un.org。

101

表5-11 出口限制传播的阈值为0.05情景下，2022年半导体制造材料贸易中关键节点作为传播源，传播该层网络的节点数量

单位：个

国家（地区）	0.05	0.1	0.15	0.2	0.25	0.3	0.35	0.4	0.45	0.5	0.55	0.6	0.65	0.7	0.75	0.8	0.85	0.9	0.95	1
中国	5	17	74	74	76	76	76	76	76	76	77	77	77	77	77	77	77	77	77	77
日本	1	2	74	74	76	76	76	76	76	76	77	77	77	77	77	77	77	77	77	77
美国	6	11	14	74	76	76	76	76	76	76	77	77	77	77	77	77	77	77	77	77
德国	1	2	10	74	76	76	76	76	76	76	77	77	77	77	77	77	77	77	77	77
中国台湾	1	1	2	3	76	76	76	76	76	76	77	77	77	77	77	77	77	77	77	77
韩国	1	2	3	4	4	5	76	76	76	76	77	77	77	77	77	77	77	77	77	77
瑞士	1	1	2	2	2	5	5	5	5	76	77	77	77	77	77	77	77	77	77	77
卡塔尔	2	4	5	5	8	8	8	9	9	9	9	11	11	14	14	14	79	79	79	79
法国	2	2	2	2	2	2	3	3	7	10	10	77	77	77	77	77	77	77	77	77
新加坡	2	2	2	2	2	3	3	4	4	4	4	77	77	77	77	77	77	77	77	77

数据来源：联合国商品贸易统计数据库整理计算，网址：https://comtradeplus.un.org。

表5-12 出口限制传播的供给中断情景下，2022年半导体制造材料贸易中关键节点作为传播源时，传播半导体制成品贸易网络的节点数量

单位：个

国家（地区）	0.05	0.1	0.15	0.2	0.25	0.3	0.35	0.4	0.45	0.5	0.55	0.6	0.65	0.7	0.75	0.8	0.85	0.9	0.95	1
中国	131	131	125	120	117	108	102	100	97	92	92	84	84	69	69	69	13	13	13	1
美国	136	136	118	114	111	85	74	70	70	70	69	69	28	28	28	28	28	28	28	1
日本	136	136	136	136	134	105	86	83	40	40	1	1	1	1	1	1	1	1	1	1
德国	136	136	99	87	79	75	71	62	18	18	18	1	1	1	1	1	1	1	1	1
韩国	136	136	136	51	45	43	43	43	43	42	1	1	1	1	1	1	1	1	1	1
中国台湾	136	136	136	83	78	72	2	2	1	1	1	1	1	1	1	1	1	1	1	1
卡塔尔	106	82	35	35	30	30	30	30	30	30	30	30	30	30	30	1	1	1	1	1
西班牙	35	35	35	35	35	35	35	35	35	25	25	25	25	25	25	25	25	25	25	1
法国	136	92	52	15	15	15	15	15	15	15	15	15	15	15	15	15	15	15	15	1
波兰	31	31	31	29	29	29	29	29	29	1	1	1	1	1	1	1	1	1	1	1

数据来源：联合国商品贸易统计数据库整理计算，网址：https://comtradeplus.un.org。

表5-13　出口限制传播的阈值为0.05情景下，2022年半导体制造材料贸易中关键节点作为传播源时，传播半导体制成品贸易网络的节点数量

单位：个

国家（地区）	0.05	0.1	0.15	0.2	0.25	0.3	0.35	0.4	0.45	0.5	0.55	0.6	0.65	0.7	0.75	0.8	0.85	0.9	0.95	1
中国	1	92	105	117	120	124	131	131	131	131	131	131	131	131	131	131	131	131	131	131
美国	1	70	74	111	114	114	119	119	136	136	136	136	130	130	130	130	136	136	136	131
日本	1	40	87	134	136	136	136	136	136	136	136	136	136	136	136	136	136	136	136	136
德国	1	18	71	79	87	99	100	136	136	136	136	136	136	136	136	136	136	136	136	136
韩国	1	42	43	45	51	60	136	136	136	136	136	136	136	136	136	136	136	136	136	136
中国台湾	1	1	2	78	83	136	136	136	136	136	136	136	136	136	136	136	136	136	136	136
卡塔尔	1	30	30	30	35	35	43	75	76	82	83	87	87	95	97	100	100	101	104	106
西班牙	1	25	35	35	35	35	35	35	35	35	35	35	35	35	35	35	35	35	35	35
法国	1	15	15	15	15	15	53	53	92	92	97	100	100	100	101	136	136	136	136	136
波兰	1	1	29	29	29	31	31	31	31	31	31	31	31	31	31	31	31	31	31	31

数据来源：联合国商品贸易统计数据库整理计算，网址：https://comtradeplus.un.org。

表5-14　出口限制传播的供给中断情景下，2022年半导体制成品贸易中关键节点作为传播源，传播该层网络的节点数量

单位：个

国家（地区）	0.05	0.1	0.15	0.2	0.25	0.3	0.35	0.4	0.45	0.5	0.55	0.6	0.65	0.7	0.75	0.8	0.85	0.9	0.95	1
中国	136	136	136	136	136	136	136	89	82	70	69	61	51	32	29	23	14	11	8	6
中国台湾	136	136	136	136	136	136	136	136	2	1	1	1	1	1	1	1	1	1	1	1
韩国	136	136	136	136	3	3	2	2	1	1	1	1	1	1	1	1	1	1	1	1
马来西亚	136	136	136	136	1	1	1	1	1	1	1	1	1	1	1	1	1	1	1	1
美国	136	136	136	10	7	7	7	7	5	5	4	3	3	2	2	1	1	1	1	1
新加坡	136	136	136	3	3	3	2	2	2	2	2	2	2	2	2	2	2	2	2	2
德国	136	64	50	23	7	4	3	2	1	2	1	1	1		1	1	1	1	1	1
日本	136	136	2	1	1	1	1	1	1	1	1	1	1		1	1	1	1	1	1
荷兰	136	64	14	11	3	3	3	3	2	1	1	1	1	1	1	1	1	1	2	1
中国香港	136	10	5	1	1	1	1	1	1	1	1	1	1	1	1	1	1	1	1	1

数据来源：联合国商品贸易统计数据库整理计算，网址：https://comtradeplus.un.org。

表5-15　出口限制传播的阈值为0.05情景下，2022年半导体制造材料贸易中关键节点作为传播源，传播该层网络的节点数量

单位：个

国家（地区）	0.05	0.1	0.15	0.2	0.25	0.3	0.35	0.4	0.45	0.5	0.55	0.6	0.65	0.7	0.75	0.8	0.85	0.9	0.95	1
中国	6	70	136	136	136	136	136	136	136	136	136	136	136	136	136	136	136	136	136	136
中国台湾	1	1	136	136	136	136	136	136	136	136	136	136	136	136	136	136	136	136	136	136
韩国	1	1	2	3	136	136	136	136	136	136	136	136	136	136	136	136	136	136	136	136
马来西亚	1	1	1	1	136	136	136	136	136	136	136	136	136	136	136	136	136	136	136	136
美国	1	5	7	7	10	136	136	136	136	136	136	136	136	136	136	136	136	136	136	136
新加坡	2	2	2	3	3	4	136	136	136	136	136	136	136	136	136	136	136	136	136	136
德国	1	1	3	7	23	36	53	57	57	64	136	136	136	136	136	136	136	136	136	136
日本	1	1	1	1	1	2	2	2	136	136	136	136	136	136	136	136	136	136	136	136
荷兰	1	1	3	3	11	13	17	36	57	64	136	136	136	136	136	136	136	136	136	136
中国香港	1	1	1	1	1	5	5	6	9	10	136	136	136	136	136	136	136	136	136	136

数据来源：联合国商品贸易统计数据库整理计算，网址：https://comtradeplus.un.org。

表5-16为供给中断情景下，美国作为半导体制造设备网络传播源节点时，每个时期累计被感染的节点数量。从表中可以发现，当各国（地区）的阈值为0.05时，此时美国的供应风险经过4个时期后将不会传染给其他国家（地区）；当各国（地区）阈值为0.1时，经历5个时期之后，半导体制造设备网络中的其他国家（地区）将不会被传染；当各国（地区）的阈值为0.15时，经历6个时期后，半导体制造设备网络中的其他国家（地区）将不会再受到感染；当各国（地区）的阈值大于0.2小于0.35时，美国的供应危机将经过3个时期后不会再传染给网络中的其他国家（地区）；当各国抵御风险的阈值大于0.4时，美国作为供应危机爆发源节点引发的供应危机，所有参与半导体制造设备贸易的国家（地区）均不会被传染。

表5-16　供给中断情景下，美国作为网络传播源时，每个时期累计被感染的节点数量

单位：个

阈值	T1	T2	T3	T4	T5	T6	T7	T8
0.05	1	31	54	58	58	58	58	58
0.1	1	17	49	56	58	58	58	58
0.15	1	10	18	41	45	48	48	48
0.2	1	6	7	7	7	7	7	7
0.25	1	2	3	3	3	3	3	3
0.3	1	2	3	3	3	3	3	3
0.35	1	2	3	3	3	3	3	3
0.4	1	1	1	1	1	1	1	1
0.45	1	1	1	1	1	1	1	1
0.5	1	1	1	1	1	1	1	1
0.55	1	1	1	1	1	1	1	1
0.6	1	1	1	1	1	1	1	1
0.65	1	1	1	1	1	1	1	1
0.7	1	1	1	1	1	1	1	1
0.75	1	1	1	1	1	1	1	1
0.8	1	1	1	1	1	1	1	1
0.85	1	1	1	1	1	1	1	1
0.9	1	1	1	1	1	1	1	1
0.95	1	1	1	1	1	1	1	1
1	1	1	1	1	1	1	1	1

注：出口减少比例为100%。

表5-17为各国（地区）的阈值为0.05情景下，美国作为半导体制造设备网络传播源节点时，每个时期累计被感染的节点数量。从表中可以发现，当美国的出口减少比例为5%时，此时美国的供应风险不会传染给任何参与半导体制造设备贸易的国家（地区）；当美国的出口减少比例为15%～25%时，经历3个时期之后，半导体制造设备网络中的其他国家（地区）将不会被传染；当美国的出口减少比例为30%～45%时，美国的供应危机将经过6个时期后不会再传染给网络中的其他国家（地区）；当美国的出口减少比例为50%～55%时，经历5个时期后，网络将不会有任何国家（地区）受感染。当美国的出口减少比例大于60%时，美国作为供应危机爆发源节点引发的供应危机在整体网络中传播4个时期。研究发现，随着美国出口减少比例的增加，T2和T3时期节点数量不断增加。

表5-17 阈值为0.05情景下，美国作为网络传播源时，每个时期累计被感染的节点数量

单位：个

减少比例（%）	T1	T2	T3	T4	T5	T6	T7	T8
5	1	1	1	1	1	1	1	1
10	1	1	1	1	1	1	1	1
15	1	2	3	3	3	3	3	3
20	1	2	3	3	3	3	3	3
25	1	6	7	7	7	7	7	7
30	1	9	16	37	43	47	47	47
35	1	10	19	42	46	48	48	48
40	1	14	41	48	52	56	58	58
45	1	16	45	53	56	58	58	58
50	1	17	49	56	58	58	58	58
55	1	18	51	57	58	58	58	58
60	1	20	53	58	58	58	58	58
65	1	21	53	58	58	58	58	58
70	1	21	53	58	58	58	58	58
75	1	24	53	58	58	58	58	58
80	1	24	53	58	58	58	58	58
85	1	27	54	58	58	58	58	58
90	1	30	54	58	58	58	58	58

减少比例（%）	T1	T2	T3	T4	T5	T6	T7	T8
95	1	31	54	58	58	58	58	58
100	1	31	54	58	58	58	58	58

　　为了更加直观且清楚地观察美国调整出口贸易策略后的冲击后果，本章继续讨论美国禁止所有的半导体制造设备出口的极端情况。表5-18展示了美国在调整了出口贸易策略后对半导体制造设备贸易网络的影响路径结果。具体分析如下：美国发生供给中断时，首先，危机会传播到意大利、墨西哥、爱尔兰等30个国家（地区）。其次，通过这些国家（地区）传播到印度尼西亚、克罗地亚等23个国家（地区）。最后，风险将通过这些国家（地区）传播到阿曼、拉脱维亚等4个国家。具体的传播路径如图5-5所示。

表5-18　半导体制造设备贸易美国作为传播源时，对半导体制造设备贸易的影响路径

时间	国家（地区）	时间	国家（地区）	时间	国家（地区）
1	意大利	1	西班牙	2	尼日利亚
1	墨西哥	1	捷克	2	巴基斯坦
1	爱尔兰	1	芬兰	2	阿根廷
1	以色列	1	新加坡	2	泰国
1	中国香港	1	中国	2	哈萨克斯坦
1	比利时	1	韩国	2	埃及
1	萨尔瓦多	1	德国	2	南非
1	瑞典	1	马来西亚	2	波兰
1	巴西	1	日本	2	瑞士
1	加拿大	1	奥地利	2	立陶宛
1	土耳其	1	英国	2	柬埔寨
1	哥斯达黎加	1	法国	2	缅甸
1	挪威	1	中国台湾	2	匈牙利
1	阿拉伯联合酋长国	2	克罗地亚	2	菲律宾
1	澳大利亚	2	印度尼西亚	2	越南
1	印度	2	保加利亚	2	荷兰
1	马耳他	2	罗马尼亚	2	丹麦

时间	国家（地区）	时间	国家（地区）	时间	国家（地区）
2	斯洛伐克	3	拉脱维亚	3	博茨瓦纳
2	葡萄牙	3	阿曼	3	塞内加尔

注：贸易量的减少比例为100%，风险抵御能力为5%。

表5-19为供给中断情景下，日本作为半导体制造设备网络传播源节点时，每个时期累计被感染的节点数量。从表中可以发现，当各国（地区）的阈值为0.05时，此时日本的供应风险经过4个时期后将不会传染给其他国家（地区）；当各国（地区）阈值为0.1时，经历5个时期之后，半导体制造设备网络中的其他国家（地区）将不会被传染；当各国（地区）的阈值为0.15时，经历7个时期后，半导体制造设备网络中的其他国家（地区）将不会再受到感染；当各国（地区）的阈值为0.2时，日本的供应危机将经过4个时期后不会再传染给网络中的其他国家（地区）；当各国抵御风险的阈值大于0.25小于0.3时，日本的供应危机经过3个时期后将不会传播给其他国家（地区）；当各国抵御风险的阈值大于为0.35时，经历2个时期后日本的供应危机将不会继续传播。当各国抵御风险的阈值大0.4时，日本作为供应危机爆发源节点引发的供应危机，所有参与半导体制造设备贸易的国家（地区）均不会被传染。

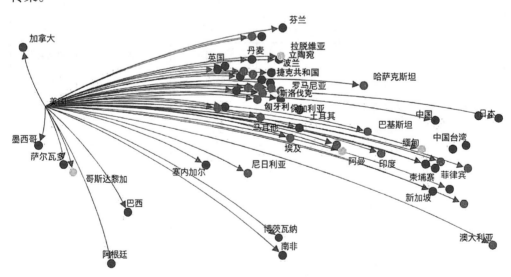

图 5-5 美国作为半导体制造设备贸易的传播源时的风险传播路径

注：贸易量减少比例为100%，风险抵御能力为5%，节点灰度表示传播的轮次，灰度由深到浅依次表示T1、T2、T3、T4时期受感染的节点。

表5-19 供给中断情景下，日本作为网络传播源时，每个时期累计被感染的节点数量

单位：个

阈值	T1	T2	T3	T4	T5	T6	T7	T8
0.05	1	26	54	58	58	58	58	58
0.1	1	12	48	56	58	58	58	58
0.15	1	8	33	46	52	55	58	58
0.2	1	5	22	24	24	24	24	24
0.25	1	3	4	4	4	4	4	4
0.3	1	3	4	4	4	4	4	4
0.35	1	2	2	2	2	2	2	2
0.4	1	1	1	1	1	1	1	1
0.45	1	1	1	1	1	1	1	1
0.5	1	1	1	1	1	1	1	1
0.55	1	1	1	1	1	1	1	1
0.6	1	1	1	1	1	1	1	1
0.65	1	1	1	1	1	1	1	1
0.7	1	1	1	1	1	1	1	1
0.75	1	1	1	1	1	1	1	1
0.8	1	1	1	1	1	1	1	1
0.85	1	1	1	1	1	1	1	1
0.9	1	1	1	1	1	1	1	1
0.95	1	1	1	1	1	1	1	1
1	1	1	1	1	1	1	1	1

注：出口减少比例为100%。

表5-20为各国（地区）的阈值为0.05情景下，日本作为半导体制造设备网络传播源节点时，每个时期累计被感染的节点数量。从表中可以发现，当日本的出口减少比例为5%～10%时，此时日本的供应风险不会传染给任何参与半导体制造设备贸易的国家（地区）；当日本的出口减少比例为15%～20%时，经历3个时期之后，半导体制造设备网络中的其他国家（地区）将不会被传染；当日本的出口减少比例为25%时，经历4个时期后，半导体制造设备网络中的其他国家（地区）将不会再受到感染；当日本的出口减少比例为30%时，此时日本的供应危机传播周期为8个时期，此时其危机传播周期最长；当日本的出口减少比例为35%～40%时，经

历6个时期后，网络将不会有任何国家（地区）受感染；当日本的出口减少比例为45%～60%时，经历5个时期后，网络将不会有任何国家（地区）受感染；当日本的出口减少比例大于60%时，日本作为供应危机爆发源节点引发的供应危机在整体网络中传播4个时期。

表5-20　阈值为0.05情景下，日本作为网络传播源时，每个时期累计被感染的节点数量

单位：个

减少比例（%）	T1	T2	T3	T4	T5	T6	T7	T8
5	1	1	1	1	1	1	1	1
10	1	1	1	1	1	1	1	1
15	1	3	4	4	4	4	4	4
20	1	3	4	4	4	4	4	4
25	1	5	22	24	24	24	24	24
30	1	6	32	37	47	52	55	58
35	1	10	36	49	56	58	58	58
40	1	11	38	49	56	58	58	58
45	1	12	47	56	58	58	58	58
50	1	12	48	56	58	58	58	58
55	1	14	48	56	58	58	58	58
60	1	14	48	56	58	58	58	58
65	1	20	51	58	58	58	58	58
70	1	20	51	58	58	58	58	58
75	1	20	52	58	58	58	58	58
80	1	21	52	58	58	58	58	58
85	1	22	53	58	58	58	58	58
90	1	23	53	58	58	58	58	58
95	1	25	53	58	58	58	58	58
100	1	26	54	58	58	58	58	58

为了更加直观且清楚地观察日本调整出口贸易策略后的冲击后果，本章继续讨论日本禁止所有的半导体制造设备出口的极端情况。表5-21展示了日本在调整了出口贸易策略后对半导体制造设备贸易网络的影响路径结果。具体分析如下：日本发生供给中断时，首先，危机会传播到比利时、哥斯达黎加、中国香港、爱尔兰等25

个国家（地区）。其次，再通过这些国家（地区）传播到克罗地亚、意大利、瑞士等28个国家（地区）。最后，风险将通过这些国家（地区）传播到阿曼、塞内加尔等4个国家。具体的传播路径如图5-6所示。

表5-21　半导体制造设备贸易中日本作为传播源时，对半导体制造设备贸易的影响路径

时间	国家（地区）	时间	国家（地区）	时间	国家（地区）
1	比利时	1	菲律宾	2	柬埔寨
1	哥斯达黎加	1	美国	2	阿拉伯联合酋长国
1	中国香港	1	越南	2	加拿大
1	爱尔兰	1	法国	2	缅甸
1	墨西哥	1	葡萄牙	2	印度
1	泰国	1	中国台湾	2	埃及
1	瑞典	2	克罗地亚	2	保加利亚
1	捷克	2	意大利	2	南非
1	印度尼西亚	2	尼日利亚	2	哈萨克斯坦
1	巴西	2	瑞士	2	挪威
1	西班牙	2	土耳其	2	罗马尼亚
1	澳大利亚	2	波兰	2	英国
1	芬兰	2	立陶宛	2	荷兰
1	新加坡	2	以色列	2	丹麦
1	中国	2	匈牙利	2	斯洛伐克
1	韩国	2	萨尔瓦多	3	塞内加尔
1	德国	2	巴基斯坦	3	博茨瓦纳
1	马来西亚	2	阿根廷	3	阿曼
1	奥地利	2	马耳他	3	拉脱维亚

注：贸易量的减少比例为100%，风险抵御能力为5%。

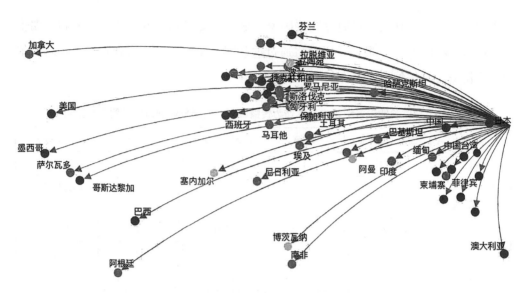

图5-6　日本作为半导体制造设备贸易的传播源时的风险传播路径

注：贸易量减少比例为100%，风险抵御能力为5%，节点灰度表示传播的轮次，灰度由深到浅依次表示T1、T2、T3、T4时期受感染的节点。

表5-22为供给中断情景下，中国作为半导体制造设备网络传播源节点时，每个时期累计被感染的节点数量。从表中可以发现，当各国（地区）的阈值为0.05时，中国的供应风险经过6个时期后将不会传染给其他国家（地区）；当各国（地区）阈值为0.1时，经历3个时期之后，半导体制造设备网络中的其他国家（地区）将不会被传染。此外，此时中国的供应风险导致网络中失效节点数迅速下降到25；当各国（地区）的阈值大于0.15时，经历3个时期后，半导体制造设备网络中的其他国家（地区）将不会再受到感染。当各国（地区）的阈值为1时，中国作为供应危机爆发源节点引发的供应危机导致网络中的5个国家（地区）失效，这表明这5个国家（地区）的半导体制造设备单一地依赖中国的进口。随着各国（地区）的逐渐增加，中国作为危机爆发源与美国和日本明显的区别为其导致的失效节点的数量减少幅度相对较小。

表5-22　供给中断情景下，中国作为网络传播源时，每个时期累计被感染的节点数

单位：个

阈值	T1	T2	T3	T4	T5	T6	T7	T8
0.05	1	27	35	42	54	58	58	58
0.1	1	22	25	25	25	25	25	25
0.15	1	18	21	21	21	21	21	21

阈值	T1	T2	T3	T4	T5	T6	T7	T8
0.2	1	17	19	19	19	19	19	19
0.25	1	15	18	18	18	18	18	18
0.3	1	13	15	15	15	15	15	15
0.35	1	10	11	11	11	11	11	11
0.4	1	10	11	11	11	11	11	11
0.45	1	9	10	10	10	10	10	10
0.5	1	9	10	10	10	10	10	10
0.55	1	9	10	10	10	10	10	10
0.6	1	9	10	10	10	10	10	10
0.65	1	8	9	9	9	9	9	9
0.7	1	8	9	9	9	9	9	9
0.75	1	8	9	9	9	9	9	9
0.8	1	6	6	6	6	6	6	6
0.85	1	6	6	6	6	6	6	6
0.9	1	6	6	6	6	6	6	6
0.95	1	6	6	6	6	6	6	6
1	1	5	5	5	5	5	5	5

注：出口减少比例为100%。

表5-23为各国（地区）的阈值为0.05情景下，中国作为半导体制造设备网络传播源节点时，每个时期累计被感染的节点数量。从表中可以发现，当中国的出口减少比例为5%时，此时中国的供应风险会传染给5个参与半导体制造设备贸易的国家（地区），危机传播2个时期；当中国的出口减少比例为10%～85%时，经历3个时期之后，半导体制造设备网络中的其他国家（地区）将不会被传染；当中国的出口减少比例为90%时，经历5个时期后，半导体制造设备网络中的其他国家（地区）将不会再受到感染；当中国的出口减少比例为95%时，此时中国的供应危机传播周期为4个时期；当中国的出口减少比例为100%时，经历6个时期后，网络将不会有任何国家（地区）受感染，此时中国的供应危机传播周期最长。中国的供应危机传播导致失效节点数随着出口减少比例的增加而增大，其中在出口减少比例为10%～85%时，中国的供应危机传播规律相对稳定。

表5-23 阈值为0.05情景下，中国作为网络传播源时，每个时期累计被感染的节点数

单位：个

减少比例（%）	T1	T2	T3	T4	T5	T6	T7	T8
5	1	5	5	5	5	5	5	5
10	1	9	10	10	10	10	10	10
15	1	12	13	13	13	13	13	13
20	1	15	18	18	18	18	18	18
25	1	17	19	19	19	19	19	19
30	1	18	20	20	20	20	20	20
35	1	19	22	22	22	22	22	22
40	1	19	22	22	22	22	22	22
45	1	19	22	23	23	23	23	23
50	1	22	25	25	25	25	25	25
55	1	24	27	27	27	27	27	27
60	1	25	29	29	29	29	29	29
65	1	26	29	29	29	29	29	29
70	1	26	29	29	29	29	29	29
75	1	26	30	30	30	30	30	30
80	1	26	30	30	30	30	30	30
85	1	26	30	30	30	30	30	30
90	1	26	31	32	34	34	34	34
95	1	26	32	34	34	34	34	34
100	1	27	35	42	54	58	58	58

为了更加直观且清楚地观察中国调整出口贸易策略后的冲击后果，本章继续讨论中国禁止所有的半导体制造设备出口的极端情况。表5-24展示了中国在调整了出口贸易策略后对半导体制造设备贸易网络的影响路径结果。具体分析如下：中国发生供给中断时，首先，危机会传播到印度尼西亚、中国香港、泰国等26个国家（地区）。其次，通过这些国家传播到哥斯达黎加、加拿大、马来西亚等8个国家（地区）。再次，供应危机会通过上述的8个国家（地区）传播到比利时、匈牙利、新加坡等7个国家（地区）。从次，上述7个国家（地区）的供应危机持续传播给以色列、波兰、瑞士等12个国家。最后，风险将通过这12个国家传播到阿曼、埃及等4

个国家。具体的传播路径如图5-7所示。

表5-24 半导体制造设备贸易中，中国作为传播源时，对半导体制造设备贸易的影响路径

时间	国家（地区）	时间	国家（地区）	时间	国家（地区）
1	克罗地亚	1	罗马尼亚	3	中国台湾
1	印度尼西亚	1	澳大利亚	4	意大利
1	巴西	1	英国	4	瑞士
1	尼日利亚	1	菲律宾	4	波兰
1	土耳其	1	越南	4	以色列
1	立陶宛	1	葡萄牙	4	爱尔兰
1	中国香港	2	哥斯达黎加	4	捷克
1	萨尔瓦多	2	博茨瓦纳	4	韩国
1	墨西哥	2	芬兰	4	德国
1	泰国	2	加拿大	4	日本
1	西班牙	2	拉脱维亚	4	奥地利
1	阿根廷	2	瑞典	4	荷兰
1	马耳他	2	马来西亚	4	法国
1	柬埔寨	2	丹麦	5	塞内加尔
1	阿拉伯联合酋长国	3	比利时	5	巴基斯坦
1	缅甸	3	匈牙利	5	阿曼
1	印度	3	保加利亚	5	埃及
1	南非	3	新加坡		
1	哈萨克斯坦	3	美国		
1	挪威	3	斯洛伐克		

注：贸易量的减少比例为100%，风险抵御能力为5%。

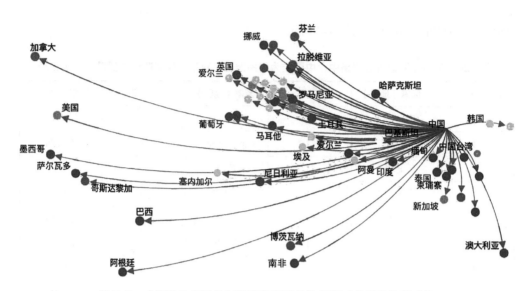

图 5-7　中国作为半导体制造设备贸易的传播源时的风险传播路径

注：贸易量减少比例为100%，风险抵御能力为5%，节点灰度表示传播的轮次，灰度由深到浅依次表示T1、T2、T3、T4、T5、T6时期受感染的节点。

5.5.1.2　出口限制传播的半导体制造设备层间网络关键节点贸易风险传播路径

根据上文单个国家（地区）出口限制传播的半导体制造设备层间风险关键节点的选取，本节将半导体制造设备贸易网络中较具影响力的德国、中国、日本作为关键节点，对其作为传播源的影响路径进行分析。对各关键节点进行传播路径分析。

表5-25为供给中断情景下，德国作为半导体制造设备网络传播源节点时，导致半导体制造材料贸易网络中每个时期累计被感染的节点数量。从表中可以发现，当各国（地区）的阈值为0.05～0.15时，德国的供应风险经过4个时期后将不会传染给其他国家（地区）；当各国（地区）阈值为0.2～0.25时，经历5个时期之后，半导体制造材料网络中的其他国家（地区）将不会被传染；当各国（地区）的阈值为0.3～0.55时，经历4个时期后，半导体制造材料网络中的其他国家（地区）将不会再受到感染；当各国（地区）的阈值大于0.6时，德国作为供应危机爆发源节点在半导体制造设备贸易中引发的供应危机，所有参与半导体制造材料贸易的国家（地区）均不会被传染。

表5-25　供给中断情景下，德国作为网络传播源时，层间每个时期累计被感染的节点数

单位：个

阈值	T1	T2	T3	T4	T5	T6	T7	T8
0.05	1	20	69	77	77	77	77	77
0.1	1	20	49	75	75	75	75	75
0.15	1	20	49	74	74	74	74	74
0.2	1	20	39	71	73	73	73	73
0.25	1	20	38	68	69	69	69	69
0.3	1	19	37	61	61	61	61	61
0.35	1	19	34	47	47	47	47	47
0.4	1	14	28	41	41	41	41	41
0.45	1	13	27	39	39	39	39	39
0.5	1	2	20	29	29	29	29	29
0.55	1	2	20	28	28	28	28	28
0.6	1	1	1	1	1	1	1	1
0.65	1	1	1	1	1	1	1	1
0.7	1	1	1	1	1	1	1	1
0.75	1	1	1	1	1	1	1	1
0.8	1	1	1	1	1	1	1	1
0.85	1	1	1	1	1	1	1	1
0.9	1	1	1	1	1	1	1	1
0.95	1	1	1	1	1	1	1	1
1	1	1	1	1	1	1	1	1

注：出口减少比例为100%。

表5-26为各国（地区）的阈值为0.05情景下，德国作为半导体制造设备网络传播源节点时，导致半导体制造材料贸易网络中每个时期累计被感染的节点数量。从表中可以发现，当德国的出口减少比例为5%时，德国的供应风险不会传染给任何参与半导体制造材料贸易的国家（地区）；当德国的出口减少比例为10%～15%时，经历4个时期之后，半导体制造材料网络中的其他国家（地区）将不会被传染；当德国的出口减少比例为20%～30%时，经历5个时期后，半导体制造材料网络中的其他国家（地区）将不会再受到感染；当德国的出口减少比例大于35%时，德国的供应危机将经过4个时期后不会再传染给网络中的其他国家（地区）。研究发现，随着德国出口减少比例的增加，T3时期被感染的节点数量不断增加，并且当德国出口减少比例大于35%时，此时各个时期的节点数几乎趋于稳定。

表5-26　阈值为0.05情景下，德国作为网络传播源时，层间每个时期累计被感染节点数

单位：个

减少比例（%）	T1	T2	T3	T4	T5	T6	T7	T8
5	1	1	1	1	1	1	1	1
10	1	2	20	29	29	29	29	29
15	1	19	35	57	57	57	57	57
20	1	20	38	68	69	69	69	69
25	1	20	39	71	73	73	73	73
30	1	20	44	73	74	74	74	74
35	1	20	49	74	74	74	74	74
40	1	20	49	75	75	75	75	75
45	1	20	49	75	75	75	75	75
50	1	20	49	75	75	75	75	75
55	1	20	49	75	75	75	75	75
60	1	20	49	76	76	76	76	76
65	1	20	50	76	76	76	76	76
70	1	20	52	76	76	76	76	76
75	1	20	52	76	76	76	76	76
80	1	20	52	76	76	76	76	76
85	1	20	52	76	76	76	76	76
90	1	20	55	76	76	76	76	76
95	1	20	69	77	77	77	77	77
100	1	20	69	77	77	77	77	77

为了更加直观且清楚地观察德国调整出口贸易策略后的冲击后果，本节继续讨论德国禁止所有的半导体制造设备出口导致半导体制造材料网络中的极端情况。表5-27展示了德国在调整了出口贸易策略后对制造材料贸易网络的影响路径结果。具体分析如下：德国发生供给中断时，首先，危机会传播到中国、中国香港、法国等19个国家（地区）。其次，通过这些国家（地区）传播到意大利、阿根廷、巴西等49个国家（地区）。最后，风险将通过这49个国家（地区）传播到巴林、柬埔寨、巴基斯坦等8个国家。具体的传播路径如图5-8所示。

表5-27 半导体制造设备贸易中，德国作为传播源时，对半导体制造材料贸易的影响路径

时间	国家（地区）	时间	国家（地区）	时间	国家（地区）
0	德国	2	哥伦比亚	2	亚美尼亚
1	中国	2	哥斯达黎加	2	中国澳门
1	中国香港	2	克罗地亚	2	秘鲁
1	法国	2	智利	2	波兰
1	以色列	2	丹麦	2	葡萄牙
1	日本	2	埃及	2	罗马尼亚
1	马来西亚	2	萨尔瓦多	2	塞尔维亚
1	尼日利亚	2	爱沙尼亚	2	斯洛伐克
1	中国台湾	2	芬兰	2	斯洛文尼亚
1	菲律宾	2	希腊	2	南非
1	韩国	2	危地马拉	2	西班牙
1	新加坡	2	匈牙利	2	斯里兰卡
1	泰国	2	印度	2	瑞典
1	美国	2	印度尼西亚	2	瑞士
1	英国	2	爱尔兰	2	乌克兰
1	土耳其	2	文莱达鲁萨兰国	2	阿拉伯联合酋长国
1	加拿大	2	哈萨克斯坦	2	越南
1	荷兰	2	拉脱维亚	3	巴林
1	捷克	2	立陶宛	3	博茨瓦纳
1	奥地利	2	卢森堡	3	柬埔寨
2	意大利	2	墨西哥	3	毛里塔尼亚
2	阿根廷	2	摩洛哥	3	缅甸
2	澳大利亚	2	保加利亚	3	巴基斯坦
2	阿塞拜疆	2	新西兰	3	卢旺达
2	比利时	2	挪威	3	乌兹别克斯坦
2	巴西	2	阿曼		

注：贸易量的减少比例为100%，风险抵御能力为5%。

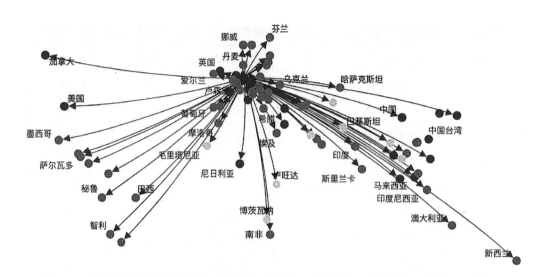

图 5-8 德国作为半导体制造设备贸易的传播源时，对半导体制造材料贸易的风险传播路径

注：贸易量减少比例为100%，风险抵御能力为5%，节点灰度表示传播的轮次，灰度由深到浅依次表示T1、T2、T3、T4时期受感染的节点。

表5-28为供给中断情景下，中国作为半导体制造设备网络传播源节点时，导致半导体制造材料贸易网络中每个时期累计被感染的节点数量。从表中可以发现，当各国（地区）的阈值为0.05～0.5时，此时中国的供应风险经过4个时期后将不会传染给其他国家（地区）；当各国（地区）阈值在0.55～0.75时，经历3个时期之后，半导体制造材料网络中的其他国家（地区）将不会被传染；当各国（地区）阈值在0.80～0.95时，经历2个时期之后，半导体制造材料网络中其他国家（地区）将不会被传染；当各国（地区）的阈值为1时，中国作为供应危机爆发源节点在半导体制造设备贸易中引发的供应危机，所有参与半导体制造材料贸易的国家（地区）均不会被传染。

表5-28 供给中断情景下，中国作为网络传播源时，层间每个时期累计被感染的节点数

单位：个

阈值	T1	T2	T3	T4	T5	T6	T7	T8
0.05	1	21	70	77	77	77	77	77
0.1	1	21	52	76	76	76	76	76
0.15	1	20	40	62	62	62	62	62
0.2	1	18	36	56	56	56	56	56
0.25	1	18	34	51	51	51	51	51
0.3	1	18	34	50	50	50	50	50
0.35	1	20	34	48	48	48	48	48

阈值	T1	T2	T3	T4	T5	T6	T7	T8
0.4	1	20	27	28	28	28	28	28
0.45	1	20	27	28	28	28	28	28
0.5	1	12	19	20	20	20	20	20
0.55	1	6	9	9	9	9	9	9
0.6	1	6	9	9	9	9	9	9
0.65	1	6	9	9	9	9	9	9
0.7	1	6	9	9	9	9	9	9
0.75	1	6	8	8	8	8	8	8
0.8	1	4	4	4	4	4	4	4
0.85	1	4	4	4	4	4	4	4
0.9	1	4	4	4	4	4	4	4
0.95	1	4	4	4	4	4	4	4
1	1	1	1	1	1	1	1	1

注：出口减少比例为100%。

表5-29为各国（地区）的阈值为0.05情景下，中国作为半导体制造设备网络传播源节点时，导致半导体制造材料贸易网络中每个时期累计被感染的节点数量。从表中可以发现，当中国的出口减少比例为5%时，中国的供应风险不会传染给任何参与半导体制造材料贸易的国家（地区）；当中国的出口减少比例大于10%时，中国在半导体制造设备网络的供应风险均将经历4个时期后，半导体制造材料网络中不再有失效节点增加。研究发现，随着中国出口减少比例的增加，T3和T4时期被感染的节点数量不断增加，而T2时期的节点的变化幅度相对较小。此外，当中国出口减少比例大于40%时，各个时期的节点数几乎趋于稳定，没有发生较大变化。

表5-29　阈值为0.05情景下，中国作为网络传播源时，层间每个时期累计被感染节点数

单位：个

减少比例（%）	T1	T2	T3	T4	T5	T6	T7	T8
5	1	1	1	1	1	1	1	1
10	1	12	19	20	20	20	20	20
15	1	19	34	48	48	48	48	48
20	1	18	34	51	51	51	51	51
25	1	18	35	56	56	56	56	56

减少比例（%）	T1	T2	T3	T4	T5	T6	T7	T8
30	1	20	38	61	61	61	61	61
35	1	21	47	72	72	72	72	72
40	1	21	52	76	76	76	76	76
45	1	21	52	76	76	76	76	76
50	1	21	52	76	76	76	76	76
55	1	21	55	76	76	76	76	76
60	1	21	55	76	76	76	76	76
65	1	21	55	76	76	76	76	76
70	1	21	56	76	76	76	76	76
75	1	21	57	76	76	76	76	76
80	1	21	57	76	76	76	76	76
85	1	21	58	77	77	77	77	77
90	1	21	58	77	77	77	77	77
95	1	21	58	77	77	77	77	77
100	1	21	70	77	77	77	77	77

　　为了更加直观且清楚地观察中国调整出口贸易策略后的冲击后果，本章继续讨论中国禁止所有的半导体制造设备出口导致半导体制造材料网络中的极端情况。表5-30展示了中国在调整了出口贸易策略后对半导体制造材料贸易网络的影响路径结果。具体分析如下：中国发生供给中断时，首先，危机会传播中国香港、捷克、意大利、菲律宾等20个国家（地区）。其次，通过这些国家（地区）传播比利时、澳大利亚、巴西等49个国家（地区）。最后，风险将通过这49个国家（地区）传播到巴林、缅甸、巴基斯坦等7个国家。图5-9是在贸易量的减少比例为100%，各国风险抵御能力为5%的情景下，以中国作为半导体制造材料贸易网络的传播源时，危机的传播路径。如图中所示，中国作为半导体制造材料贸易网络的传播源时，第一个周期直接受中国影响的国家（地区）主要集中在亚洲，而第二个周期受到供应风险间接影响的国家（地区）大部分集中于欧洲地区，部分亚洲地区国家（地区）在第三周期被传染。

表5-30　半导体制造设备贸易中，中国作为传播源时，对半导体制造材料贸易的影响路径

时间	国家（地区）	时间	国家（地区）	时间	国家（地区）
0	中国	2	比利时	2	摩洛哥
1	中国香港	2	博茨瓦纳	2	新西兰
1	捷克	2	巴西	2	挪威
1	法国	2	文莱达鲁萨兰国	2	阿曼
1	德国	2	保加利亚	2	秘鲁
1	印度	2	柬埔寨	2	波兰
1	以色列	2	加拿大	2	葡萄牙
1	意大利	2	智利	2	罗马尼亚
1	日本	2	中国澳门	2	塞尔维亚
1	马来西亚	2	哥伦比亚	2	斯洛伐克
1	荷兰	2	哥斯达黎加	2	斯洛文尼亚
1	尼日利亚	2	丹麦	2	南非
1	中国台湾	2	埃及	2	西班牙
1	菲律宾	2	萨尔瓦多	2	斯里兰卡
1	韩国	2	爱沙尼亚	2	瑞典
1	新加坡	2	芬兰	2	乌克兰
1	瑞士	2	希腊	2	阿拉伯联合酋长国
1	土耳其	2	危地马拉	2	越南
1	泰国	2	匈牙利	3	巴林
1	美国	2	印度尼西亚	3	克罗地亚
1	英国	2	爱尔兰	3	卢森堡
2	阿根廷	2	哈萨克斯坦	3	缅甸
2	亚美尼亚	2	拉脱维亚	3	巴基斯坦
2	澳大利亚	2	立陶宛	3	卢旺达
2	奥地利	2	毛里塔尼亚	3	乌兹别克斯坦
2	阿塞拜疆	2	墨西哥		

注：贸易量的减少比例为100%，风险抵御能力为5%。

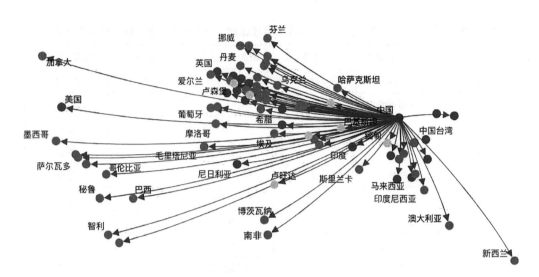

图5-9 中国作为半导体制造设备贸易的传播源时，对半导体制造材料贸易的风险传播路径

注：贸易量减少比例为100%，风险抵御能力为5%，节点灰度表示传播的轮次，灰度由深到浅依次表示T1、T2、T3、T4时期受感染的节点。

表5-31为供给中断情景下，日本作为半导体制造设备网络传播源节点时，导致半导体制造材料贸易网络中每个时期累计被感染的节点数量。从表中可以发现，当各国（地区）的阈值为0.05～0.35时，日本的供应风险经过4个时期后将不会传染给其他国家（地区）；当各国（地区）阈值为0.4时，经历3个时期之后，半导体制造材料网络中的其他国家（地区）将不会被传染；当各国（地区）的阈值大于0.4时，日本在半导体制造设备贸易中作为危机爆发源节点不会对所有参与半导体制造材料贸易的国家（地区）产生传播效应。

表5-31 供给中断情景下，日本作为网络传播源时，层间每个时期累计被感染的节点数

单位：个

阈值	T1	T2	T3	T4	T5	T6	T7	T8
0.05	1	14	75	77	77	77	77	77
0.1	1	11	71	76	76	76	76	76
0.15	1	11	71	76	76	76	76	76
0.2	1	9	69	76	76	76	76	76
0.25	1	9	66	76	76	76	76	76
0.3	1	10	55	72	72	72	72	72
0.35	1	10	55	70	70	70	70	70
0.4	1	12	18	18	18	18	18	18
0.45	1	1	1	1	1	1	1	1

阈值	T1	T2	T3	T4	T5	T6	T7	T8
0.5	1	1	1	1	1	1	1	1
0.55	1	1	1	1	1	1	1	1
0.6	1	1	1	1	1	1	1	1
0.65	1	1	1	1	1	1	1	1
0.7	1	1	1	1	1	1	1	1
0.75	1	1	1	1	1	1	1	1
0.8	1	1	1	1	1	1	1	1
0.85	1	1	1	1	1	1	1	1
0.9	1	1	1	1	1	1	1	1
0.95	1	1	1	1	1	1	1	1
1	1	1	1	1	1	1	1	1

注：出口减少比例为100%。

表5-32为各国（地区）的阈值为0.05情景下，日本作为半导体制造设备网络传播源节点时，导致半导体制造材料贸易网络中每个时期累计被感染的节点数量。从表中可以发现，当日本的出口减少比例为5%～10%时，此时日本的供应风险不会传染给任何参与半导体制造材料贸易的国家（地区）；当日本的出口减少比例大于15%时，日本在半导体制造设备网络的供应风险均将经历4个时期后，半导体制造材料网络中不再有失效节点增加。研究发现，随着日本出口减少比例的增加，T3时期被感染的节点数量显著增加，而T2和T3时期的节点变化幅度相对较小。此外，当日本出口减少比例大于70%时，日本作为半导体制造设备网络传播源时，导致的半导体制造材料网络中每个时期的被感染节点数保持不变。

表5-32 阈值为0.05情景下，日本作为网络传播源时，层间每个时期累计被感染节点数

单位：个

减少比例（%）	T1	T2	T3	T4	T5	T6	T7	T8
5	1	1	1	1	1	1	1	1
10	1	1	1	1	1	1	1	1
15	1	10	55	72	72	72	72	72
20	1	13	66	76	76	76	76	76
25	1	10	69	76	76	76	76	76
30	1	13	70	76	76	76	76	76

减少比例（%）	T1	T2	T3	T4	T5	T6	T7	T8
35	1	14	71	76	76	76	76	76
40	1	14	71	76	76	76	76	76
45	1	14	71	76	76	76	76	76
50	1	14	71	76	76	76	76	76
55	1	14	72	76	76	76	76	76
60	1	14	72	77	77	77	77	77
65	1	14	72	77	77	77	77	77
70	1	14	75	77	77	77	77	77
75	1	14	75	77	77	77	77	77
80	1	14	75	77	77	77	77	77
85	1	14	75	77	77	77	77	77
90	1	14	75	77	77	77	77	77
95	1	14	75	77	77	77	77	77
100	1	14	75	77	77	77	77	77

　　为了更加直观且清楚地观察日本调整出口贸易策略后的冲击后果，本章继续讨论日本禁止所有的半导体制造设备出口导致半导体制造材料网络中的极端情况。表5-33展示了日本在调整了出口贸易策略后对半导体制造材料贸易网络的影响路径结果。具体分析如下：日本发生供给中断时，首先，危机会传播到中国、中国香港、泰国、以色列等13个国家（地区）。其次，通过这些国家（地区）传播巴林、澳大利亚、巴西等61个国家（地区）。最后，风险将通过这61个国家（地区）传播到阿曼、博茨瓦纳这2个国家。图5-10是在贸易量的减少比例为100%，各国风险抵御能力为5%的情景下，以日本作为半导体制造材料贸易网络的传播源时，危机的传播路径。如图中所示，日本作为半导体制造材料贸易网络的传播源时，第二个周期受到供应风险间接影响的国家（地区）数量最多，高达61个，且大部分集中于欧洲和亚洲地区。而第一个周期主要受影响的国家（地区）较少，主要集中在欧洲和亚洲部分区域。

表5-33 半导体制造设备贸易中，日本作为传播源时，对半导体制造材料贸易的影响路径

时间	国家（地区）	时间	国家（地区）	时间	国家（地区）
0	日本	2	智利	2	新西兰
1	中国香港	2	中国澳门	2	尼日利亚
1	法国	2	哥伦比亚	2	挪威
1	德国	2	哥斯达黎加	2	巴基斯坦
1	中国	2	克罗地亚	2	秘鲁
1	马来西亚	2	捷克	2	菲律宾
1	中国台湾	2	丹麦	2	波兰
1	韩国	2	埃及	2	葡萄牙
1	新加坡	2	萨尔瓦多	2	罗马尼亚
1	泰国	2	爱沙尼亚	2	卢旺达
1	美国	2	芬兰	2	塞尔维亚
1	英国	2	希腊	2	斯洛伐克
1	以色列	2	危地马拉	2	斯洛文尼亚
1	意大利	2	匈牙利	2	南非
2	阿根廷	2	印度	2	西班牙
2	亚美尼亚	2	印度尼西亚	2	斯里兰卡
2	澳大利亚	2	爱尔兰	2	瑞典
2	奥地利	2	哈萨克斯坦	2	瑞士
2	阿塞拜疆	2	拉脱维亚	2	土耳其
2	巴林	2	立陶宛	2	乌克兰
2	比利时	2	卢森堡	2	阿拉伯联合酋长国
2	巴西	2	毛里塔尼亚	2	乌兹别克斯坦
2	文莱达鲁萨兰国	2	墨西哥	2	越南
2	保加利亚	2	摩洛哥	3	博茨瓦纳
2	柬埔寨	2	缅甸	3	阿曼
2	加拿大	2	荷兰		

注：贸易量的减少比例为100%，风险抵御能力为5%。

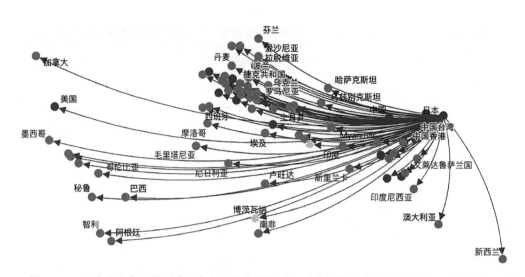

图 5-10　日本作为半导体制造设备贸易的传播源时，对半导体制造材料贸易的风险传播路径

注：贸易量减少比例为100%，风险抵御能力为5%，节点灰度表示传播的轮次，灰度由深到浅依次表示T1、T2、T3、T4时期受感染的节点。

5.5.2　半导体制造材料贸易网络关键节点贸易风险传播路径

5.5.2.1　出口限制传播的半导体制造材料层内网络关键节点贸易风险传播路径

根据上文单个国家（地区）出口限制传播的半导体制造材料层内风险关键节点的选取，本节将半导体制造材料贸易网络中较具影响力的中国、日本、美国作为关键节点，对其作为传播源的影响路径进行分析。

表5-34为供给中断情景下，中国作为半导体制造材料网络传播源节点时，每个时期累计被感染的节点数量。从表中可以发现，当各国（地区）的阈值为0.05时，中国的供应风险经过4个时期后将不会传染给其他国家（地区）；当各国（地区）阈值为0.1时，经历6个时期之后，半导体制造材料贸易网络中的其他国家（地区）将不会被传染；当各国（地区）的阈值为0.15时，经历9个时期后，半导体制造材料网络中的其他国家（地区）将不会再受到感染；此时，中国在半导体制造材料网络中的危机传播周期最长；当各国（地区）的阈值大于0.2小于0.25时，经历4个时期之后，半导体制造材料贸易网络中的其他国家（地区）将不会被传染；各国（地区）的阈值为0.3和0.35时，经历3个时期之后，半导体制造材料贸易网络中的其他国家（地区）将不会被传染；当各国（地区）的阈值大于0.45时，经历2个时期之后，半导体制造材料贸易网络中的其他国家（地区）将不会被传染；当各国（地

区）的阈值为1时，中国作为供应危机爆发源节点引发的供应危机会导致网络中的4个国家（地区）失效，表明这4个国家（地区）的半导体制造材料单一地依赖中国的进口。

表5-34 供给中断情景下，中国作为网络传播源时，每个时期累计被感染的节点数

单位：个

阈值	T1	T2	T3	T4	T5	T6	T7	T8	T9
0.05	1	52	70	77	77	77	77	77	77
0.1	1	36	50	66	75	76	76	76	76
0.15	1	33	41	46	51	57	72	75	76
0.2	1	28	35	38	38	38	38	38	38
0.25	1	26	30	32	32	32	32	32	32
0.3	1	19	21	21	21	21	21	21	21
0.35	1	18	20	20	20	20	20	20	20
0.4	1	15	17	18	18	18	18	18	18
0.45	1	13	13	13	13	13	13	13	13
0.5	1	12	12	12	12	12	12	12	12
0.55	1	12	12	12	12	12	12	12	12
0.6	1	11	11	11	11	11	11	11	11
0.65	1	7	7	7	7	7	7	7	7
0.7	1	7	7	7	7	7	7	7	7
0.75	1	7	7	7	7	7	7	7	7
0.8	1	7	7	7	7	7	7	7	7
0.85	1	7	7	7	7	7	7	7	7
0.9	1	7	7	7	7	7	7	7	7
0.95	1	7	7	7	7	7	7	7	7
1	1	5	5	5	5	5	5	5	5

注：出口减少比例为100%。

表5-35为各国（地区）的阈值为0.05情景下，中国作为半导体制造材料网络传播源节点时，每个时期累计被感染的节点数量。从表中可以发现，当中国的出口减少比例为5%时，中国的供应风险会传染给4个参与半导体材料设备贸易的国家（地区），危机传播2个周期；当中国的出口减少比例为20%～30%时，经历4个时期之后，半导体制造材料网络中的其他国家（地区）将不会被传染；当中国的出口减少比例为35%时，中国的供应危机传播周期为7个时期，此时中国的供应危机传播的周期最长；当中国的出口减少比例为40%～50%时，经历6个时期后，网络将不会有任何国家（地区）受感染；当中国的出口减少比例为55%～95%时，经历5个时

期后，网络将不会有任何国家（地区）受感染；当中国的出口减少比例为100%时，中国的供应危机传播经历了4个时期后，网络中便不再有任何一个国家（地区）被传染。

表5-35　阈值为0.05情景下，中国作为网络传播源时，每个时期累计被感染的节点数

单位：个

减少比例（%）	T1	T2	T3	T4	T5	T6	T7	T8
5	1	5	5	5	5	5	5	5
10	1	12	12	12	12	12	12	12
15	1	18	21	21	21	21	21	21
20	1	26	30	32	32	32	32	32
25	1	28	35	38	38	38	38	38
30	1	29	38	40	40	40	40	40
35	1	35	43	49	55	72	76	76
40	1	35	45	56	73	76	76	76
45	1	36	46	59	74	76	76	76
50	1	36	50	66	75	76	76	76
55	1	40	64	76	77	77	77	77
60	1	43	66	76	77	77	77	77
65	1	43	67	76	77	77	77	77
70	1	43	68	76	77	77	77	77
75	1	45	68	76	77	77	77	77
80	1	47	69	76	77	77	77	77
85	1	47	69	76	77	77	77	77
90	1	48	69	76	77	77	77	77
95	1	50	69	76	77	77	77	77
100	1	52	70	77	77	77	77	77

　　为了更加直观且清楚地观察中国调整出口贸易策略后的冲击后果，本章继续讨论中国禁止所有的半导体制造材料出口的极端情况。表5-36展示了中国在调整了出口贸易策略后对半导体制造材料贸易网络的影响路径结果。具体分析如下：中国发生供给中断时，首先，危机会传播到巴基斯坦、缅甸、中国香港、新加坡等51个国家（地区）。其次，危机再通过这些国家（地区）传播到挪威、美国、比利时等18个国家。最后，风险将通过这18个国家传播到哥斯达黎加、卢森堡等7个国家。图

5-11是在贸易量的减少比例为100%，各国风险抵御能力为5%的情景下，以中国作为半导体制造材料贸易网络的传播源时风险的传播路径。如图中所示，中国作为半导体制造材料贸易网络的传播源时，第一个周期直接受中国影响的国家（地区）主要集中在亚洲和欧洲。

表5-36　半导体制造材料贸易中，中国作为传播源时，对半导体制造材料贸易的影响路径

时间	国家（地区）	时间	国家（地区）	时间	国家（地区）
1	巴基斯坦	1	加拿大	2	爱尔兰
1	克罗地亚	1	越南	2	文莱达鲁萨兰国
1	阿根廷	1	以色列	2	毛里塔尼亚
1	爱沙尼亚	1	尼日利亚	2	摩洛哥
1	缅甸	1	中国香港	2	博茨瓦纳
1	秘鲁	1	日本	2	罗马尼亚
1	保加利亚	1	泰国	2	比利时
1	匈牙利	1	马来西亚	2	美国
1	菲律宾	1	德国	2	法国
1	芬兰	1	瑞士	2	意大利
1	哥伦比亚	1	波兰	2	乌克兰
1	新西兰	1	印度尼西亚	2	荷兰
1	捷克	1	英国	2	塞尔维亚
1	立陶宛	1	中国台湾	2	希腊
1	卢旺达	1	新加坡	2	阿塞拜疆
1	墨西哥	1	丹麦	2	阿拉伯联合酋长国
1	巴林	1	韩国	2	哈萨克斯坦
1	柬埔寨	1	斯洛伐克	3	哥斯达黎加
1	拉脱维亚	1	西班牙	3	斯里兰卡
1	乌兹别克斯坦	1	巴西	3	危地马拉
1	中国澳门	1	澳大利亚	3	萨尔瓦多
1	斯洛文尼亚	1	土耳其	3	卢森堡
1	智利	1	埃及	3	亚美尼亚
1	瑞典	1	南非	3	阿曼
1	奥地利	1	印度		
1	葡萄牙	2	挪威		

注：贸易量的减少比例为100%，风险抵御能力为5%。

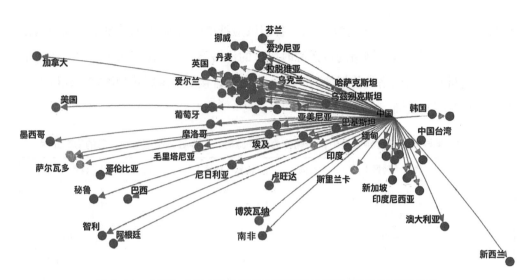

图 5-11   中国作为半导体制造材料贸易的传播源时的风险传播路径

　　注：贸易量减少比例为 100%，风险抵御能力为 5%，节点灰度表示传播的轮次，灰度由深到浅依次表示 T1、T2、T3、T4 时期受感染的节点。

　　表 5-37 为供给中断情景下，日本作为半导体制造材料网络传播源节点时，每个时期累计被感染的节点数量。从表中可以发现，当各国（地区）的阈值为 0.05 时，日本的供应风险经过 4 个时期后将不会传染给其他国家（地区）；当各国（地区）阈值为 0.15 时，经历 6 个时期之后，半导体制造材料网络中的其他国家（地区）将不会被传染；当各国（地区）的阈值为 0.2 时，经历 7 个时期后，半导体制造材料网络中的其他国家（地区）将不会再受到感染，此时日本的供应危机在半导体制造材料网络中的传播周期最长。当各国（地区）的阈值为 0.25～0.35 时，日本的供应危机经过 2 个时期后，将不会再传染给网络中的其他国家（地区）；当各国抵御风险的阈值大于 0.4 时，日本作为供应危机爆发源节点引发的供应危机，所有参与半导体制造材料贸易的国家（地区）均不会被传染。

表 5-37   供给中断情景下，日本作为网络传播源时，每个时期累计被感染的节点数

单位：个

阈值	T1	T2	T3	T4	T5	T6	T7	T8
0.05	1	19	73	77	77	77	77	77
0.1	1	16	67	76	76	76	76	76
0.15	1	10	45	71	75	76	76	76
0.2	1	7	12	45	66	71	72	72
0.25	1	3	3	3	3	3	3	3

续　表

阈值	T1	T2	T3	T4	T5	T6	T7	T8
0.3	1	2	2	2	2	2	2	2
0.35	1	2	2	2	2	2	2	2
0.4	1	1	1	1	1	1	1	1
0.45	1	1	1	1	1	1	1	1
0.5	1	1	1	1	1	1	1	1
0.55	1	1	1	1	1	1	1	1
0.6	1	1	1	1	1	1	1	1
0.65	1	1	1	1	1	1	1	1
0.7	1	1	1	1	1	1	1	1
0.75	1	1	1	1	1	1	1	1
0.8	1	1	1	1	1	1	1	1
0.85	1	1	1	1	1	1	1	1
0.9	1	1	1	1	1	1	1	1
0.95	1	1	1	1	1	1	1	1
1	1	1	1	1	1	1	1	1

注：出口减少比例为100%。

表5-38为各国（地区）的阈值为0.05情景下，日本作为半导体制造材料网络传播源节点时，每个时期累计被感染的节点数量。从表中可以发现，当日本的出口减少比例为5%～10%时，此时日本的供应风险不会传染给任何参与半导体制造材料贸易的国家（地区）；当日本的出口减少比例为15%～20%时，经历2个时期之后，半导体制造材料网络中的其他国家（地区）将不会被传染；当日本的出口减少比例为25%时，经历7个时期后，半导体制造材料贸易网络中的其他国家（地区）将不会再受到感染，此时其危机传播周期最长。当日本的出口减少比例为30%～35%时，此时日本的供应危机传播周期为6个时期；当日本的出口减少比例为35%时，经历5个时期后，网络将不会有任何国家（地区）受感染；当日本的出口减少比例为40%时，日本作为供应危机爆发源节点引发的供应危机在整体网络中传播五个时期；当日本的出口减少比例比大于45%时，经历4个时期后，网络将不会有任何国家（地区）受感染。

表5-38　阈值为0.05情景下，日本作为网络传播源时，每个时期累计被感染的节点数

单位：个

减少比例（%）	T1	T2	T3	T4	T5	T6	T7	T8
5	1	1	1	1	1	1	1	1
10	1	1	1	1	1	1	1	1
15	1	2	2	2	2	2	2	2
20	1	3	3	3	3	3	3	3
25	1	7	12	45	66	71	72	72
30	1	9	22	62	72	74	74	74
35	1	11	47	71	75	76	76	76
40	1	12	53	74	76	76	76	76
45	1	14	66	76	76	76	76	76
50	1	16	67	76	76	76	76	76
55	1	16	68	77	77	77	77	77
60	1	17	69	77	77	77	77	77
65	1	17	70	77	77	77	77	77
70	1	17	70	77	77	77	77	77
75	1	17	70	77	77	77	77	77
80	1	17	70	77	77	77	77	77
85	1	17	70	77	77	77	77	77
90	1	18	73	77	77	77	77	77
95	1	19	73	77	77	77	77	77
100	1	19	73	77	77	77	77	77

为了更加直观且清楚地观察日本调整出口贸易策略后的冲击后果，本章继续讨论日本禁止所有的半导体制造材料出口的极端情况。表5-39展示了日本在调整了出口贸易策略后对半导体制造材料贸易网络的影响路径结果。具体分析如下：日本发生供给中断时，首先，危机会传播到爱尔兰、中国、新加坡、美国、法国等18个国家（地区）。其次，危机再通过这些国家（地区）传播到巴基斯坦、加拿大、缅甸等54个国家。最后，风险将通过这些国家（地区）传播到阿曼、埃及等4个国家。图5-12是在贸易量的减少比例为100%，各国风险抵御能力为5%的情景下，以日本作为半导体制造材料贸易网络的传播源时，危机的传播路径。根据图中所示，日本的供应危机在第一个周期内传播的数量远低于第二个周期，且第一个周期直接受感染的国家（地区）大部分位于亚洲地区，仅有少量位于欧洲地区。第二个周期受到

第一个周期被感染的国家（地区）的影响，大部分位于欧洲地区以及美洲地区。

表5-39 半导体制造材料贸易中，日本作为传播源时，对半导体制造材料贸易的影响路径

时间	国家（地区）	时间	国家（地区）	时间	国家（地区）
1	爱尔兰	2	保加利亚	2	瑞典
1	菲律宾	2	挪威	2	以色列
1	中国澳门	2	匈牙利	2	尼日利亚
1	奥地利	2	芬兰	2	马来西亚
1	越南	2	哥伦比亚	2	德国
1	美国	2	新西兰	2	瑞士
1	中国香港	2	捷克	2	波兰
1	法国	2	哥斯达黎加	2	意大利
1	泰国	2	卢旺达	2	乌克兰
1	印度尼西亚	2	墨西哥	2	荷兰
1	英国	2	巴林	2	丹麦
1	中国台湾	2	毛里塔尼亚	2	斯洛伐克
1	中国	2	斯里兰卡	2	西班牙
1	新加坡	2	柬埔寨	2	土耳其
1	韩国	2	拉脱维亚	2	埃及
1	巴西	2	乌兹别克斯坦	2	塞尔维亚
1	澳大利亚	2	危地马拉	2	印度
1	南非	2	斯洛文尼亚	2	阿塞拜疆
2	比利时	2	萨尔瓦多	2	阿拉伯联合酋长国
2	巴基斯坦	2	博茨瓦纳	2	哈萨克斯坦
2	克罗地亚	2	卢森堡	3	文莱达鲁萨兰国
2	阿根廷	2	智利	3	摩洛哥
2	爱沙尼亚	2	亚美尼亚	3	阿曼
2	加拿大	2	立陶宛	3	希腊
2	缅甸	2	葡萄牙		
2	秘鲁	2	罗马尼亚		

注：贸易量的减少比例为100%，风险抵御能力为5%。

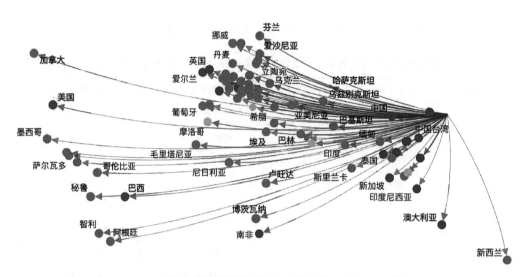

图 5-12　日本作为半导体制造材料贸易的传播源时的风险传播路径

注：贸易量减少比例为100%，风险抵御能力为5%，节点灰度表示传播的轮次，灰度由深到浅依次表示T1、T2、T3、T4时期受感染的节点。

表5-40为供给中断情景下，美国作为半导体制造材料贸易网络传播源节点时，每个时期累计被感染的节点数量。从表中可以发现，当各国（地区）的阈值为0.05时，美国的供应风险经过4个时期后将不会传染给其他国家（地区）；当各国（地区）阈值为0.1时，经历5个时期之后，半导体制造材料网络中的其他国家（地区）将不会被传染；当各国（地区）的阈值为0.15时，经历6个时期后，半导体制造材料网络中的其他国家（地区）将不会再受到感染，此时美国的供应危机传播周期最长；当各国（地区）的阈值大于0.2小于0.3时，美国的供应危机经过2个时期后将不会再传染给网络中的其他国家（地区）；当各国抵御风险的阈值为0.35时，经过3个时期后网络中将不会有任何国家（地区）被传染；当各国抵御风险的阈值大于0.4时，美国的供应风险要传播两个时期；当各国抵御风险的阈值为1时，美国作为供应危机爆发源节点引发的供应危机会导致半导体制造材料网络中的4个国家被传染，分别是哥斯达黎加、萨尔瓦多、斯里兰卡、危地马拉，表明这4个国家的半导体制造材料单纯地依赖于美国的出口。

表5-40　供给中断情景下，美国作为网络传播源时，每个时期累计被感染的节点数

单位：个

阈值	T1	T2	T3	T4	T5	T6	T7	T8
0.05	1	40	68	77	77	77	77	77
0.1	1	31	48	64	76	76	76	76

续 表

阈值	T1	T2	T3	T4	T5	T6	T7	T8
0.15	1	23	30	31	32	34	34	34
0.2	1	16	16	16	16	16	16	16
0.25	1	14	14	14	14	14	14	14
0.3	1	14	14	14	14	14	14	14
0.35	1	12	13	13	13	13	13	13
0.4	1	11	11	11	11	11	11	11
0.45	1	10	10	10	10	10	10	10
0.5	1	10	10	10	10	10	10	10
0.55	1	7	7	7	7	7	7	7
0.6	1	6	6	6	6	6	6	6
0.65	1	6	6	6	6	6	6	6
0.7	1	6	6	6	6	6	6	6
0.75	1	6	6	6	6	6	6	6
0.8	1	6	6	6	6	6	6	6
0.85	1	6	6	6	6	6	6	6
0.9	1	5	5	5	5	5	5	5
0.95	1	5	5	5	5	5	5	5
1	1	5	5	5	5	5	5	5

注：出口减少比例为100%。

表5-41为各国（地区）的阈值为0.05情景下，美国作为半导体制造材料网络传播源节点时，每个时期累计被感染的节点数量。从表中可以发现，当美国的出口减少比例为5%～25%时，美国的供应风险经过两个时期后将不会传染给任何参与半导体制造设备贸易的国家（地区）；当美国的出口减少比例为30%时，经历3个时期之后，半导体制造材料网络中的其他国家（地区）将不会被传染；当美国的出口减少比例为35%～40%时，经历7个时期后，半导体制造设备网络中的其他国家（地区）将不会再受到感染，此时美国的风险传播周期最长。当美国的出口减少比例为45%～60%时，美国的供应危机经过5个时期后将不会再传染给网络中的其他国家（地区）；当美国的出口减少比例大于65%时，美国作为供应危机爆发源节点引发的供应危机在整体网络中传播4个时期。研究发现，随着美国出口减少比例的增加，T2和T3时期节点数量不断增加。

表5-41 阈值为0.05情景下,美国作为网络传播源时,每个时期累计被感染的节点数

单位:个

减少比例(%)	T1	T2	T3	T4	T5	T6	T7	T8
5	1	5	5	5	5	5	5	5
10	1	10	10	10	10	10	10	10
15	1	13	13	13	13	13	13	13
20	1	14	14	14	14	14	14	14
25	1	16	16	16	16	16	16	16
30	1	21	25	25	25	25	25	25
35	1	25	31	32	34	38	39	39
40	1	28	36	42	55	64	76	76
45	1	30	44	57	76	76	76	76
50	1	31	48	64	76	76	76	76
55	1	32	51	69	77	77	77	77
60	1	33	57	69	77	77	77	77
65	1	34	64	77	77	77	77	77
70	1	35	64	77	77	77	77	77
75	1	37	65	77	77	77	77	77
80	1	38	67	77	77	77	77	77
85	1	38	67	77	77	77	77	77
90	1	38	67	77	77	77	77	77
95	1	40	68	77	77	77	77	77
100	1	40	68	77	77	77	77	77

为了更加直观且清楚地观察美国调整出口贸易策略后的冲击后果,本章继续讨论美国禁止所有的半导体制造材料出口的极端情况。表5-42展示了美国在调整了出口贸易策略后对半导体制造材料贸易网络的影响路径结果。具体分析如下:美国发生供给中断时,首先,危机会传播到比利时、阿根廷、加拿大等39个国家(地区)。其次,通过这些国家(地区)传播到中国、乌克兰、泰国等28个国家(地区)。最后,风险将通过这些国家(地区)传播到缅甸、卢旺达、巴基斯坦等9个国家。具体的传播路径如图5-13所示。根据图中所示,美国的供应危机在第一个周期内传播导致直接受感染的国家(地区)大部分位于欧洲、美洲地区,仅有少量位于亚洲地

区。第二个周期受到第一个周期被感染的国家（地区）的影响，大部分位于亚洲和非洲地区。

表5-42 半导体制造材料贸易中，美国作为传播源时，对半导体制造材料贸易的影响路径

时间	国家（地区）	时间	国家（地区）	时间	国家（地区）
1	比利时	1	德国	2	泰国
1	阿根廷	1	印度尼西亚	2	瑞士
1	爱沙尼亚	1	英国	2	波兰
1	加拿大	1	意大利	2	中国台湾
1	秘鲁	1	新加坡	2	中国
1	挪威	1	荷兰	2	乌克兰
1	爱尔兰	1	韩国	2	丹麦
1	哥伦比亚	1	斯洛伐克	2	西班牙
1	新西兰	1	巴西	2	埃及
1	捷克	1	澳大利亚	2	塞尔维亚
1	哥斯达黎加	1	土耳其	2	印度
1	墨西哥	1	南非	2	阿曼
1	斯里兰卡	1	阿拉伯联合酋长国	2	希腊
1	拉脱维亚	2	克罗地亚	2	阿塞拜疆
1	中国澳门	2	保加利亚	2	哈萨克斯坦
1	危地马拉	2	匈牙利	3	巴基斯坦
1	斯洛文尼亚	2	菲律宾	3	缅甸
1	萨尔瓦多	2	芬兰	3	卢旺达
1	奥地利	2	立陶宛	3	巴林
1	智利	2	文莱达鲁萨兰国	3	柬埔寨
1	瑞典	2	毛里塔尼亚	3	乌兹别克斯坦
1	亚美尼亚	2	博茨瓦纳	3	摩洛哥
1	越南	2	葡萄牙	3	卢森堡
1	以色列	2	罗马尼亚	3	尼日利亚
1	日本	2	中国香港		
1	马来西亚	2	法国		

注：贸易量的减少比例为100%，风险抵御能力为5%。

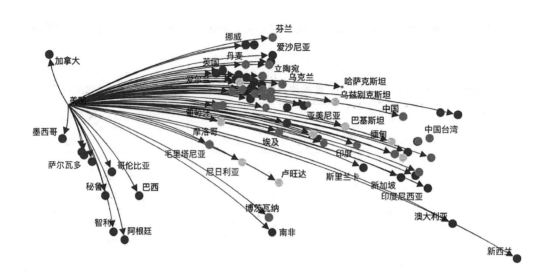

图 5-13　美国作为半导体制造材料贸易的传播源时的风险传播路径

注：贸易量减少比例为100%，风险抵御能力为5%，节点灰度表示传播的轮次，灰度由深到浅依次表示T1、T2、T3、T4时期受感染的节点。

5.5.2.2　出口限制传播的半导体制造材料层间网络关键节点贸易风险传播路径

　　根据上文单个国家（地区）出口限制传播的半导体制造材料层间风险关键节点的选取，本节将半导体制成品贸易网络中较具影响力的中国、美国、日本作为关键节点，对其作为传播源的影响路径进行分析，并对各关键节点进行传播路径分析。

　　表5-43为供给中断情景下，中国作为半导体制造材料网络传播源节点时，导致半导体制成品贸易网络中每个时期累计被感染的节点数量。从表中可以发现，当各国（地区）的阈值为0.05～0.55时，中国的供应风险经过4个时期后将不会传染给其他国家（地区）；当各国（地区）阈值为0.55～0.8时，经历3个时期之后，半导体制成品贸易网络中的其他国家（地区）将不会被传染；当各国（地区）的阈值为0.85～0.95时，经历2个时期后，半导体制成品网络中的其他国家（地区）将不会再受到感染；当各国（地区）的阈值为1时，中国作为供应危机爆发源节点在半导体制造材料贸易中引发的供应危机，所有参与半导体制成品贸易的国家（地区）均不会被传染。

表5-43 供给中断情景下，中国作为网络传播源时，层间每个时期累计被感染的节点数

单位：个

阈值	T1	T2	T3	T4	T5	T6	T7	T8
0.05	1	58	130	131	131	131	131	131
0.1	1	50	129	131	131	131	131	131
0.15	1	52	121	125	125	125	125	125
0.2	1	55	114	120	120	120	120	120
0.25	1	50	111	117	117	117	117	117
0.3	1	50	102	108	108	108	108	108
0.35	1	52	95	102	102	102	102	102
0.4	1	54	95	100	100	100	100	100
0.45	1	55	94	97	97	97	97	97
0.5	1	50	90	92	92	92	92	92
0.55	1	50	90	92	92	92	92	92
0.6	1	48	84	84	84	84	84	84
0.65	1	48	84	84	84	84	84	84
0.7	1	39	69	69	69	69	69	69
0.75	1	41	69	69	69	69	69	69
0.8	1	43	69	69	69	69	69	69
0.85	1	14	14	14	14	14	14	14
0.9	1	13	13	13	13	13	13	13
0.95	1	13	13	13	13	13	13	13
1	1	1	1	1	1	1	1	1

注：出口减少比例为100%。

表5-44为各国（地区）的阈值为0.05情景下，中国作为半导体制造材料网络传播源节点时，导致半导体制成品贸易网络中每个时期累计被感染的节点数量。从表中可以发现，当中国的出口减少比例为5%时，中国的供应风险不会传染给任何参与半导体制成品贸易的国家（地区）；当中国的出口减少比例大于10%时，中国在半导体制造材料网络的供应风险均将经历4个时期后，半导体制成品网络中不再有失效节点增加。研究发现，随着中国出口减少比例的增加，各时期失效节点数的变化为先增加后趋于稳定。当中国出口减少比例大于45%时，各个时期的节点数趋于稳定，仅有当出口减少比例为100%时，T3时期的节点数变为130，其他时期均无变化。

表5-44　阈值为0.05情景下，中国作为网络传播源时，层间每个时期累计被感染节点数

单位：个

减少比例（%）	T1	T2	T3	T4	T5	T6	T7	T8
5	1	1	1	1	1	1	1	1
10	1	50	90	92	92	92	92	92
15	1	52	99	105	105	105	105	105
20	1	58	111	117	117	117	117	117
25	1	58	114	120	120	120	120	120
30	1	58	120	124	124	124	124	124
35	1	58	121	131	131	131	131	131
40	1	58	127	131	131	131	131	131
45	1	58	129	131	131	131	131	131
50	1	58	129	131	131	131	131	131
55	1	58	129	131	131	131	131	131
60	1	58	129	131	131	131	131	131
65	1	58	129	131	131	131	131	131
70	1	58	129	131	131	131	131	131
75	1	58	129	131	131	131	131	131
80	1	58	129	131	131	131	131	131
85	1	58	129	131	131	131	131	131
90	1	58	129	131	131	131	131	131
95	1	58	129	131	131	131	131	131
100	1	58	130	131	131	131	131	131

　　为了更加直观且清楚地观察中国调整出口贸易策略后的冲击后果，本章继续讨论中国禁止所有的半导体制造材料出口导致半导体制成品贸易网络中的极端情况。表5-45展示了中国在调整了出口贸易策略后对半导体制成品网络的影响路径结果。具体分析如下：中国发生供给中断时，首先，危机会传播巴西、保加利亚、智利等57个国家（地区）。其次，危机再通过这些国家（地区）传播加纳、约旦、肯尼亚等72个国家（地区）。最后，风险将通过这72个国家（地区）传播到布隆迪。图5-14是在贸易量的减少比例为100%，各国风险抵御能力为5%的情景下，以中国作为半导体制造材料贸易网络的传播源时，危机的传播路径。如图中所示，中国作为半导体制造材料贸易网络的传播源时，第一个周期直接受中国影响的国家（地区）主要集中在欧洲和亚洲，而第二个周期受到供应风险间接影响的国家（地区）绝大

部分都位于非洲地区，少部分位于亚洲的西部地区。

表5-45 半导体制造材料贸易中，中国作为传播源时，对半导体制成品贸易的影响路径

时间	国家（地区）	时间	国家（地区）	时间	国家（地区）
0	中国	1	日本	1	英国
1	奥地利	1	拉脱维亚	1	越南
1	比利时	1	立陶宛	2	安道尔
1	波斯尼亚和黑塞哥维那	1	马来西亚	2	安哥拉
1	巴西	1	墨西哥	2	阿根廷
1	保加利亚	1	摩洛哥	2	亚美尼亚
1	加拿大	1	荷兰	2	阿鲁巴岛
1	智利	1	尼日利亚	2	阿塞拜疆
1	澳大利亚	1	北马其顿	2	巴哈马
1	中国香港	1	挪威	2	巴林
1	哥斯达黎加	1	中国台湾	2	巴巴多斯
1	捷克	1	秘鲁	2	伯利兹
1	丹麦	1	菲律宾	2	贝宁
1	多米尼加共和国	1	波兰	2	玻利维亚
1	厄瓜多尔	1	葡萄牙	2	博茨瓦纳
1	埃及	1	韩国	2	文莱达鲁萨兰国
1	萨尔瓦多	1	罗马尼亚	2	布基纳法索
1	爱沙尼亚	1	新加坡	2	阿比让
1	芬兰	1	斯洛伐克	2	佛得角
1	法国	1	斯洛文尼亚	2	柬埔寨
1	德国	1	西班牙	2	中非共和国
1	希腊	1	瑞典	2	中国澳门
1	匈牙利	1	瑞士	2	哥伦比亚
1	印度	1	土耳其	2	克罗地亚
1	印度尼西亚	1	泰国	2	塞浦路斯
1	爱尔兰	1	美国	2	刚果民主共和国
1	以色列	1	乌克兰	2	埃塞俄比亚
1	意大利	1	阿拉伯联合酋长国	2	斐济

续 表

时间	国家（地区）	时间	国家（地区）	时间	国家（地区）
2	格鲁吉亚	2	毛里求斯	2	圣多美和普林西比
2	加纳	2	蒙古国	2	塞内加尔
2	危地马拉	2	莫桑比克	2	塞尔维亚
2	圭亚那	2	缅甸	2	南非
2	牙买加	2	纳米比亚	2	斯里兰卡
2	约旦	2	尼泊尔	2	巴勒斯坦
2	哈萨克斯坦	2	新西兰	2	塔吉克斯坦
2	肯尼亚	2	尼加拉瓜	2	特立尼达和多巴哥
2	科威特	2	尼日尔	2	突尼斯
2	吉尔吉斯斯坦	2	阿曼	2	坦桑尼亚联合共和国
2	黎巴嫩	2	巴基斯坦	2	乌拉圭
2	卢森堡	2	巴拿马	2	乌兹别克斯坦
2	马达加斯加	2	巴拉圭	2	赞比亚
2	马尔代夫	2	卡塔尔	2	津巴布韦
2	马耳他	2	摩尔多瓦共和国	3	布隆迪
2	毛里塔尼亚	2	卢旺达		

注：贸易量的减少比例为100%，风险抵御能力为5%。

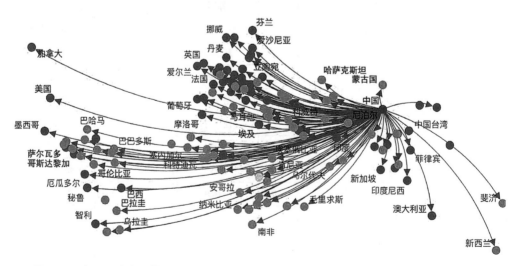

图5-14 中国作为半导体制造材料贸易的传播源时，对半导体制成品贸易的风险传播路径

注：贸易量减少比例为100%，风险抵御能力为5%，节点灰度表示传播的轮次，灰度由深到浅依次表示T1、T2、T3、T4时期受感染的节点。

表5-46为供给中断情景下，美国作为半导体制造材料网络传播源节点时，导致半导体制成品贸易网络中每个时期累计被感染的节点数量。从表中可以发现，当各国（地区）的阈值为0.05～0.3时，美国的供应风险经过4个时期后将不会传染给其他国家（地区）；当各国（地区）阈值为0.35～0.6时，经历3个时期之后，半导体制造制成品贸易网络中的其他国家（地区）将不会被传染；当各国（地区）的阈值为0.65～0.95时，经历两个时期后，半导体制成品网络中的其他国家（地区）将不会再受到感染。当各国（地区）的阈值为1时，美国作为供应危机爆发源节点在半导体制造材料贸易中引发的供应危机，所有参与半导体制成品贸易的国家（地区）均不会被传染。

表5-46 供给中断情景下，美国作为网络传播源时，层间每个时期累计被感染的节点数

单位：个

阈值	T1	T2	T3	T4	T5	T6	T7	T8
0.05	1	48	134	136	136	136	136	136
0.1	1	51	116	128	136	136	136	136
0.15	1	56	112	118	118	118	118	118
0.2	1	62	106	114	114	114	114	114
0.25	1	59	101	111	111	111	111	111
0.3	1	58	80	85	85	85	85	85
0.35	1	58	74	74	74	74	74	74
0.4	1	53	70	70	70	70	70	70
0.45	1	52	70	70	70	70	70	70
0.5	1	52	70	70	70	70	70	70
0.55	1	56	69	69	69	69	69	69
0.6	1	58	69	69	69	69	69	69
0.65	1	28	28	28	28	28	28	28
0.7	1	28	28	28	28	28	28	28
0.75	1	28	28	28	28	28	28	28
0.8	1	28	28	28	28	28	28	28
0.85	1	28	28	28	28	28	28	28
0.9	1	28	28	28	28	28	28	28
0.95	1	28	28	28	28	28	28	28
1	1	1	1	1	1	1	1	1

注：出口减少比例为100%。

表5-47为各国（地区）的阈值为0.05情景下，美国作为半导体制造材料网络传播源节点时，导致半导体制成品贸易网络中每个时期累计被感染的节点数量。从表中可以发现，当美国的出口减少比例为5%时，此时美国的供应风险不会传染给任何参与半导体制成品贸易的国家（地区）；当美国的出口减少比例大于10%小于15%时，美国在半导体制造材料网络的供应风险均将经历3个时期后，半导体制成品网络中不再有失效节点增加；当美国的出口减少比例在20%～40%时，美国在半导体制造材料网络中的供应风险将传播4个时期；当美国的出口减少比例为45%～80%时，经历5个时期后半导体制成品网络中将不再有节点被传染。当美国的出口减少比例大于85%时，美国的供应危机传播4个时期后终止。

表5-47 阈值为0.05情景下，美国作为网络传播源时，层间每个时期累计被感染节点数

单位：个

减少比例（%）	T1	T2	T3	T4	T5	T6	T7	T8
5	1	1	1	1	1	1	1	1
10	1	54	70	70	70	70	70	70
15	1	58	74	74	74	74	74	74
20	1	59	101	111	111	111	111	111
25	1	62	106	114	114	114	114	114
30	1	62	106	114	114	114	114	114
35	1	62	112	119	119	119	119	119
40	1	62	113	119	119	119	119	119
45	1	62	116	128	136	136	136	136
50	1	62	116	128	136	136	136	136
55	1	62	116	128	136	136	136	136
60	1	62	116	128	136	136	136	136
65	1	62	119	128	136	136	136	136
70	1	62	119	128	136	136	136	136
75	1	62	119	128	136	136	136	136
80	1	62	119	128	136	136	136	136
85	1	62	132	136	136	136	136	136
90	1	62	134	136	136	136	136	136
95	1	62	134	136	136	136	136	136
100	1	62	134	136	136	136	136	136

为了更加直观且清楚地观察美国调整出口贸易策略后的冲击后果，本章继续讨论美国禁止所有的半导体制造材料出口导致半导体制成品贸易网络中的极端情况。表5-48展示了美国在调整了出口贸易策略后对半导体制成品网络的影响路径结果。具体分析如下：美国发生供给中断时，首先，供应危机会传播给加拿大、智利、丹麦等61个国家（地区）。其次，危机再通过这些国家（地区）传播到阿根廷、约旦、斐济等72个国家（地区）。最后，风险将通过这72个国家（地区）传播到佛得角、圣多美和普林西比2个国家。图5-15是在贸易量的减少比例为100%，各国风险抵御能力为5%的情景下，以美国作为半导体制造材料贸易网络的传播源时，危机的传播路径。如图中所示，美国作为半导体制造材料贸易网络的传播源时，第一个周期直接受美国影响的国家（地区）大部分集中在欧洲和亚洲地区。

表5-48　半导体制造材料贸易中，美国作为传播源时，对半导体制成品贸易的影响路径

时间	国家（地区）	时间	国家（地区）	时间	国家（地区）
0	美国	1	匈牙利	1	菲律宾
1	奥地利	1	印度	1	波兰
1	比利时	1	印度尼西亚	1	葡萄牙
1	巴西	1	爱尔兰	1	韩国
1	保加利亚	1	以色列	1	罗马尼亚
1	加拿大	1	意大利	1	塞尔维亚
1	智利	1	日本	1	新加坡
1	中国	1	拉脱维亚	1	斯洛伐克
1	中国香港	1	立陶宛	1	斯洛文尼亚
1	哥斯达黎加	1	马来西亚	1	南非
1	克罗地亚	1	马耳他	1	西班牙
1	捷克	1	墨西哥	1	瑞典
1	丹麦	1	摩洛哥	1	瑞士
1	多米尼加共和国	1	荷兰	1	土耳其
1	埃及	1	尼加拉瓜	1	泰国
1	爱沙尼亚	1	尼日利亚	1	澳大利亚
1	芬兰	1	北马其顿	1	阿拉伯联合酋长国
1	法国	1	挪威	1	英国
1	德国	1	阿曼	1	乌兹别克斯坦
1	希腊	1	中国台湾	1	越南
1	危地马拉	1	秘鲁	2	安道尔

时间	国家（地区）	时间	国家（地区）	时间	国家（地区）
2	安哥拉	2	埃塞俄比亚	2	尼泊尔
2	阿根廷	2	斐济	2	新西兰
2	亚美尼亚	2	法属波利尼西亚	2	尼日尔
2	阿鲁巴岛	2	格鲁吉亚	2	巴基斯坦
2	阿塞拜疆	2	加纳	2	巴拿马
2	巴哈马	2	圭亚那	2	巴拉圭
2	巴林	2	冰岛	2	卡塔尔
2	巴巴多斯	2	牙买加	2	摩尔多瓦共和国
2	伯利兹	2	约旦	2	卢旺达
2	贝宁	2	哈萨克斯坦	2	塞内加尔
2	玻利维亚	2	肯尼亚	2	斯里兰卡
2	波斯尼亚和黑塞哥维那	2	科威特	2	巴勒斯坦
2	博茨瓦纳	2	吉尔吉斯斯坦	2	塔吉克斯坦
2	文莱达鲁萨兰国	2	黎巴嫩	2	多哥
2	布基纳法索	2	卢森堡	2	特立尼达和多巴哥
2	布隆迪	2	马达加斯加	2	突尼斯
2	科特迪瓦	2	马拉维	2	乌克兰
2	柬埔寨	2	马尔代夫	2	坦桑尼亚联合共和国
2	中非共和国	2	毛里塔尼亚	2	乌拉圭
2	中国澳门	2	毛里求斯	2	赞比亚
2	哥伦比亚	2	蒙古国	2	津巴布韦
2	塞浦路斯	2	黑山	3	佛得角
2	刚果民主共和国	2	莫桑比克	3	圣多美和普林西比
2	厄瓜多尔	2	缅甸		
2	萨尔瓦多	2	纳米比亚		

注：贸易量的减少比例为100%，风险抵御能力为5%。

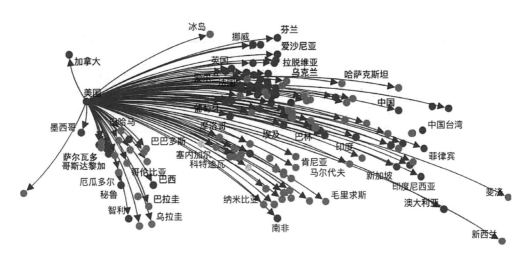

图 5-15 美国作为半导体制造材料贸易的传播源时，对半导体制成品贸易的风险传播路径

注：贸易量减少比例为 100%，风险抵御能力为 5%，节点灰度表示传播的轮次，灰度由深到浅依次表示 T1、T2、T3、T4 时期受感染的节点。

表 5-49 为供给中断情景下，日本作为半导体制造材料网络传播源节点时，导致半导体制成品贸易网络中每个时期累计被感染的节点数量。从表中可以发现，当各国（地区）的阈值为 0.05～0.4 时，日本的供应风险经过 4 个时期后将不会传染给其他国家（地区）；当各国（地区）阈值为 0.45～0.5 时，经历 3 个时期之后，半导体制成品贸易网络中的其他国家（地区）将不会被传染；当各国（地区）的阈值为 1 时，日本作为供应危机爆发源节点在半导体制造材料贸易中引发的供应危机，所有参与半导体制成品贸易的国家（地区）均不会被传染。

表 5-49 供给中断情景下，日本作为网络传播源时，层间每个时期累计被感染的节点数

单位：个

阈值	T1	T2	T3	T4	T5	T6	T7	T8
0.05	1	46	134	136	136	136	136	136
0.1	1	38	132	136	136	136	136	136
0.15	1	40	132	136	136	136	136	136
0.2	1	41	131	136	136	136	136	136
0.25	1	43	131	134	134	134	134	134
0.3	1	44	96	105	105	105	105	105
0.35	1	46	77	86	86	86	86	86
0.4	1	49	77	83	83	83	83	83
0.45	1	37	40	40	40	40	40	40
0.5	1	37	40	40	40	40	40	40

阈值	T1	T2	T3	T4	T5	T6	T7	T8
0.55	1	1	1	1	1	1	1	1
0.6	1	1	1	1	1	1	1	1
0.65	1	1	1	1	1	1	1	1
0.7	1	1	1	1	1	1	1	1
0.75	1	1	1	1	1	1	1	1
0.8	1	1	1	1	1	1	1	1
0.85	1	1	1	1	1	1	1	1
0.9	1	1	1	1	1	1	1	1
0.95	1	1	1	1	1	1	1	1
1	1	1	1	1	1	1	1	1

注：出口减少比例为100%。

表5-50为各国（地区）的阈值为0.05情景下，日本作为半导体制造材料网络传播源节点时，导致半导体制成品贸易网络中每个时期累计被感染的节点数量。从表中可以发现，当日本的出口减少比例为5%时，日本的供应风险不会传染给任何参与半导体制成品贸易的国家（地区）；当日本的出口减少比例为10%时，日本在半导体制造材料网络的供应风险均将经历3个时期后，半导体制成品网络中不再有失效节点增加；当日本的出口减少比例大于15%时，日本在半导体制造材料网络中的供应风险将传播4个时期；当日本的出口减少比例在30%～70%时，日本的供应危机在层间各时期传播导致的失效节点数趋于稳定；当日本的出口减少比例大于75%时，T4时期相应地增加了2个节点后，日本各时期被感染的节点数便不再随着出口减少比例的增加而变化。

表5-50　阈值为0.05情景下，日本作为网络传播源时，层间每个时期累计被感染节点数

单位：个

减少比例（%）	T1	T2	T3	T4	T5	T6	T7	T8
5	1	1	1	1	1	1	1	1
10	1	37	40	40	40	40	40	40
15	1	46	77	87	87	87	87	87
20	1	46	131	134	134	134	134	134
25	1	46	131	136	136	136	136	136
30	1	46	132	136	136	136	136	136

减少比例（%）	T1	T2	T3	T4	T5	T6	T7	T8
35	1	46	132	136	136	136	136	136
40	1	46	132	136	136	136	136	136
45	1	46	132	136	136	136	136	136
50	1	46	132	136	136	136	136	136
55	1	46	132	136	136	136	136	136
60	1	46	132	136	136	136	136	136
65	1	46	132	136	136	136	136	136
70	1	46	132	136	136	136	136	136
75	1	46	134	136	136	136	136	136
80	1	46	134	136	136	136	136	136
85	1	46	134	136	136	136	136	136
90	1	46	134	136	136	136	136	136
95	1	46	134	136	136	136	136	136
100	1	46	134	136	136	136	136	136

　　为了更加直观且清楚地观察日本调整出口贸易策略后的冲击后果，本章继续讨论日本禁止所有的半导体制造材料出口导致半导体制成品贸易网络中的极端情况。表5-51展示了日本在调整了出口贸易策略后对半导体制成品网络的影响路径结果。具体分析如下：日本发生供给中断时，首先，供应危机会传播给加拿大、保加利亚、希腊等45个国家（地区）。然后，危机再通过这些国家（地区）传播到阿根廷、巴林、智利等88个国家（地区）。最后，风险将通过这88个国家（地区）传播到安道尔、毛里塔尼亚这2个国家。图5-16是在贸易量的减少比例为100%，各国风险抵御能力为5%的情景下，以日本作为半导体制造材料贸易网络的传播源时，危机的传播路径。如图所示，日本作为半导体制造材料贸易网络的传播源时，第一个周期失效的节点数远小于第二个周期，仅占失效节点总数的33.08%，且大量分布在欧洲地区。而绝大多数节点通过间接传播的方式被传染，即64.71%的国家（地区）被第一个周期失效节点的供应危机传染，这些国家（地区）集中分布在南美洲和非洲地区。

表5-51　半导体制造材料贸易中，日本作为传播源时，对半导体制成品贸易的影响路径

时间	国家（地区）	时间	国家（地区）	时间	国家（地区）
0	日本	1	韩国	2	布基纳法索
1	奥地利	1	罗马尼亚	2	布隆迪
1	比利时	1	新加坡	2	科特迪瓦
1	巴西	1	斯洛伐克	2	佛得角
1	保加利亚	1	南非	2	柬埔寨
1	加拿大	1	西班牙	2	中非共和国
1	中国	1	瑞典	2	智利
1	中国香港	1	瑞士	2	中国澳门
1	捷克	1	土耳其	2	哥伦比亚
1	丹麦	1	泰国	2	哥斯达黎加
1	埃及	1	突尼斯	2	克罗地亚
1	芬兰	1	美国	2	塞浦路斯
1	法国	1	乌克兰	2	刚果民主共和国
1	德国	1	阿拉伯联合酋长国	2	多米尼加共和国
1	希腊	1	英国	2	厄瓜多尔
1	匈牙利	1	越南	2	萨尔瓦多
1	印度	2	安哥拉	2	爱沙尼亚
1	印度尼西亚	2	阿根廷	2	埃塞俄比亚
1	爱尔兰	2	亚美尼亚	2	斐济
1	以色列	2	阿鲁巴岛	2	法属波利尼西亚
1	意大利	2	阿塞拜疆	2	格鲁吉亚
1	澳大利亚	2	巴哈马	2	加纳
1	立陶宛	2	巴林	2	危地马拉
1	马来西亚	2	巴巴多斯	2	圭亚那
1	墨西哥	2	伯利兹	2	冰岛
1	荷兰	2	贝宁	2	牙买加
1	中国台湾	2	玻利维亚	2	约旦
1	菲律宾	2	波斯尼亚和黑塞哥维那	2	哈萨克斯坦
1	波兰	2	博茨瓦纳	2	肯尼亚
1	葡萄牙	2	文莱达鲁萨兰国	2	科威特

续　表

时间	国家（地区）	时间	国家（地区）	时间	国家（地区）
2	吉尔吉斯斯坦	2	新西兰	2	塞尔维亚
2	拉脱维亚	2	尼加拉瓜	2	斯洛文尼亚
2	黎巴嫩	2	尼日尔	2	斯里兰卡
2	卢森堡	2	尼日利亚	2	巴勒斯坦
2	马达加斯加	2	北马其顿	2	塔吉克斯坦
2	马拉维	2	挪威	2	多哥
2	马尔代夫	2	阿曼	2	特立尼达和多巴哥
2	马耳他	2	巴基斯坦	2	坦桑尼亚联合共和国
2	毛里求斯	2	巴拿马	2	乌拉圭
2	蒙古国	2	巴拉圭	2	乌兹别克斯坦
2	黑山	2	秘鲁	2	赞比亚
2	摩洛哥	2	卡塔尔	2	津巴布韦
2	莫桑比克	2	摩尔多瓦共和国	3	安道尔
2	缅甸	2	卢旺达	3	毛里塔尼亚
2	纳米比亚	2	圣多美和普林西比		
2	尼泊尔	2	塞内加尔		

注：贸易量的减少比例为100%，风险抵御能力为5%。

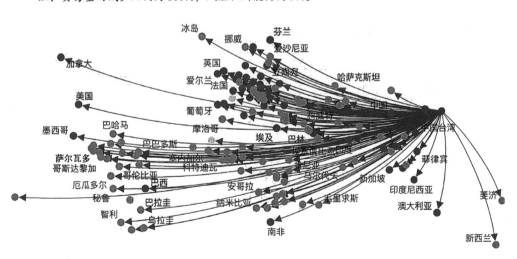

图 5-16　日本作为半导体制造材料的传播源时，对半导体制成品贸易的风险传播路径

注：贸易量减少比例为100%，风险抵御能力为5%，节点灰度表示传播的轮次，灰度由深到浅依次表示T1、T2、T3、T4时期受感染的节点。

5.5.3 半导体制成品贸易网络关键节点贸易风险传播路径

根据上文单个国家（地区）出口限制传播的半导体制成品层内风险关键节点的选取，本节将半导体制成品贸易网络中较具影响力的中国、中国台湾、韩国作为关键节点，对其作为传播源的影响路径进行分析。

表5-52为供给中断情景下，中国作为半导制成品贸易网络传播源时，每个时期累计被感染的国家（地区）数。从表中可以发现，当各国（地区）的阈值为0.05时，中国的供应风险经过4个时期后将不会传染给其他国家（地区）；当各国（地区）阈值为0.1时，经历5个时期之后，半导体制成品贸易网络中的其他国家（地区）将不会被传染；当各国（地区）的阈值为0.2时，经历6个时期后，半导体制成品网络中的其他国家（地区）将不会再受到感染。此时，中国在半导体制成品网络中的危机传播周期最长。当各国（地区）的阈值在0.25~0.6时，除0.45阈值以外，其他阈值均经历4个时期之后，半导体制成品贸易网络中的其他国家（地区）将不会被传染；而当各国（地区）阈值为0.45和0.65时，半导体制成品网络供应风险仅传播3个时期；各国（地区）的阈值大于0.7时，经历2个时期之后，半导体制成品贸易网络中的其他国家（地区）将不会被传染。当各国（地区）的阈值为1时，中国作为供应危机爆发源节点引发的供应危机会导致网络中的4个国家（地区）失效，分别为黑山、多哥、法属波利尼西亚和马拉维。表明这4个国家（地区）的半导体制成品单一地依赖中国的进口。

表5-52 供给中断情景下，中国作为网络传播源时，每个时期累计被感染的节点数

单位：个

阈值	T1	T2	T3	T4	T5	T6	T7	T8
0.05	1	125	135	136	136	136	136	136
0.1	1	114	127	134	135	135	135	135
0.15	1	107	121	122	122	122	122	122
0.2	1	99	110	117	120	121	121	121
0.25	1	87	98	100	100	100	100	100
0.3	1	79	87	89	89	89	89	89
0.35	1	72	78	81	81	81	81	81
0.4	1	67	74	75	75	75	75	75
0.45	1	62	69	69	69	69	69	69
0.5	1	55	64	65	65	65	65	65

阈值	T1	T2	T3	T4	T5	T6	T7	T8
0.55	1	48	59	60	60	60	60	60
0.6	1	35	42	43	43	43	43	43
0.65	1	31	32	32	32	32	32	32
0.7	1	24	24	24	24	24	24	24
0.75	1	21	21	21	21	21	21	21
0.8	1	15	15	15	15	15	15	15
0.85	1	11	11	11	11	11	11	11
0.9	1	9	9	9	9	9	9	9
0.95	1	6	6	6	6	6	6	6
1	1	5	5	5	5	5	5	5

注：出口减少比例为100%。

表5-53为各国（地区）的阈值为0.05情景下，中国作为半导体制成品网络传播源节点时，每个时期累计被感染的节点数量。从表中可以发现，当中国的出口减少比例为5%时，中国的供应风险会传染给4个参与半导体制成品贸易的国家（地区），危机传播2个周期；当中国的出口减少比例为10%～30%时，除出口减少比例为25%时的传播周期为5个时期以外，其他均经历4个时期之后，半导体制成品网络中的其他国家（地区）将不会被传染；当中国的出口减少比例为35%时，经历10个时期后，半导体制成品网络中的其他国家（地区）将不会再受到感染，此时中国的供应危机传播的周期最长；当中国的出口减少比例比为40%时，中国的供应危机传播周期为6个时期；当中国的出口减少比例为45%～50%时，经历5个时期后，网络将不会有任何国家（地区）受感染；当中国的出口减少比例为55%～100%时，经历4个时期后，网络将不会有任何国家（地区）受感染。

表5-53　阈值为0.05情景下，中国作为网络传播源时，每个时期累计被感染的节点数

单位：个

减少比例（%）	T1	T2	T3	T4	T5	T6	T7	T8	T9	T10
5	1	5	5	5	5	5	5	5	5	5
10	1	55	64	65	65	65	65	65	65	65
15	1	74	80	83	83	83	83	83	83	83
20	1	87	98	100	100	100	100	100	100	100
25	1	99	110	117	120	121	121	121	121	121

减少比例（%）	T1	T2	T3	T4	T5	T6	T7	T8	T9	T10
30	1	106	121	122	122	122	122	122	122	122
35	1	107	122	124	126	127	128	130	133	135
40	1	111	123	129	134	135	135	135	135	135
45	1	113	126	133	135	135	135	135	135	135
50	1	114	127	134	135	135	135	135	135	135
55	1	117	132	135	135	135	135	135	135	135
60	1	118	133	135	135	135	135	135	135	135
65	1	121	133	135	135	135	135	135	135	135
70	1	121	133	135	135	135	135	135	135	135
75	1	121	133	135	135	135	135	135	135	135
80	1	122	133	135	135	135	135	135	135	135
85	1	122	133	135	135	135	135	135	135	135
90	1	123	134	135	135	135	135	135	135	135
95	1	124	135	136	136	136	136	136	136	136
100	1	125	135	136	136	136	136	136	136	136

为了清楚地观察中国调整出口贸易策略后的冲击后果，本书讨论了中国禁止所有半导体制成品出口的极端情况。表5-54展示了中国在半导体制成品贸易中调整出口贸易策略后的影响路径。具体分析如下：当中国发生供给中断时，危机首先将传播到葡萄牙、阿根廷、埃及等124个国家（地区）。其次，危机再通过这124个国家（地区）传递给美国、爱尔兰、菲律宾等10个国家。最后，危机将通过这10个国家传递给哥斯达黎加。图5-17是在贸易量的减少比例为100%，各国风险抵御能力为5%的情景下，以中国作为半导体制成品贸易网络的传播源时，危机的传播路径。如图中所示，中国作为半导体制成品贸易网络的传播源时，大部分受感染的国家（地区）均在第一个时期被传染，且其大量分布在非洲、亚洲和南美洲地区。

表5-54　半导体制成品贸易中国作为传播源时，对半导体制成品贸易的影响路径

时间	国家（地区）	时间	国家（地区）	时间	国家（地区）
1	卢旺达	1	瑞士	1	卡塔尔
1	摩洛哥	1	克罗地亚	1	牙买加
1	葡萄牙	1	加拿大	1	阿鲁巴岛

续 表

时间	国家（地区）	时间	国家（地区）	时间	国家（地区）
1	坦桑尼亚联合共和国	1	新西兰	1	马拉维
1	波斯尼亚和黑塞哥维那	1	玻利维亚	1	奥地利
1	布隆迪	1	莫桑比克	1	希腊
1	赞比亚	1	津巴布韦	1	加纳
1	多哥	1	巴勒斯坦	1	厄瓜多尔
1	巴基斯坦	1	黎巴嫩	1	瑞典
1	阿根廷	1	北马其顿	1	罗马尼亚
1	尼泊尔	1	纳米比亚	1	萨尔瓦多
1	科威特	1	塞内加尔	1	安哥拉
1	缅甸	1	立陶宛	1	比利时
1	秘鲁	1	巴林	1	匈牙利
1	埃塞俄比亚	1	马达加斯加	1	挪威
1	圭亚那	1	柬埔寨	1	危地马拉
1	黑山	1	乌克兰	1	土耳其
1	约旦	1	塞浦路斯	1	乌拉圭
1	肯尼亚	1	埃及	1	毛里求斯
1	中非共和国	1	斐济	1	尼加拉瓜
1	特立尼达和多巴哥	1	拉脱维亚	1	越南
1	印度尼西亚	1	布基纳法索	1	斯洛文尼亚
1	蒙古国	1	冰岛	1	新加坡
1	丹麦	1	中国澳门	1	中国台湾
1	巴拉圭	1	马尔代夫	1	中国香港
1	法属波利尼西亚	1	巴哈马	1	日本
1	刚果民主共和国	1	伯利兹	1	墨西哥
1	多米尼加共和国	1	尼日利亚	1	泰国
1	塞尔维亚	1	摩尔多瓦共和国	1	德国
1	贝宁	1	塔吉克斯坦	1	巴西
1	阿曼	1	巴巴多斯	1	英国
1	芬兰	1	博茨瓦纳	1	法国
1	哥伦比亚	1	尼日尔	1	意大利
1	格鲁吉亚	1	科特迪瓦	1	澳大利亚

续　表

时间	国家（地区）	时间	国家（地区）	时间	国家（地区）
1	印度	1	韩国	2	马耳他
1	阿拉伯联合酋长国	1	爱沙尼亚	2	圣多美和普林西比
1	捷克	1	智利	2	文莱达鲁萨兰国
1	波兰	1	亚美尼亚	2	毛里塔尼亚
1	马来西亚	1	阿塞拜疆	2	佛得角
1	西班牙	1	斯洛伐克	2	美国
1	保加利亚	1	巴拿马	2	爱尔兰
1	卢森堡	1	斯里兰卡	2	菲律宾
1	荷兰	1	突尼斯	2	以色列
1	乌兹别克斯坦	1	吉尔吉斯斯坦	2	安道尔
1	南非	1	哈萨克斯坦	3	哥斯达黎加

注：贸易量的减少比例为100%，风险抵御能力为5%。

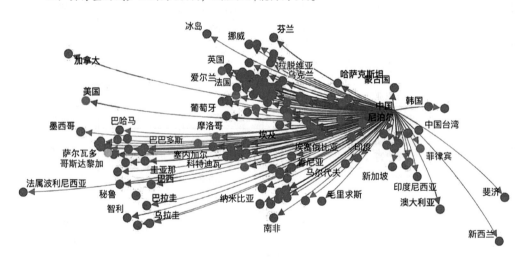

图5-17　中国作为半导体制成品贸易的传播源时的风险传播路径

注：贸易量减少比例为100%，风险抵御能力为5%，节点灰度表示传播的轮次，灰度由深到浅依次表示T1、T2、T3、T4时期受感染的节点。

表5-55为供给中断情景下，中国台湾作为半导制成品贸易网络传播源时，每个时期累计被感染的国家（地区）数。从表中可以发现，当各国（地区）的阈值为0.05时，中国台湾的供应风险经过4个时期后将不会传染给其他国家（地区）；当各国（地区）阈值为0.1时，经历4个时期之后，半导体制成品贸易网络中的其他国家（地区）将不会被传染；当各国（地区）的阈值为0.15～0.2时，经历5个时期之后，

半导体制成品网络中的其他国家（地区）将不会再受到感染，此时，中国台湾在半导体制成品网络中的危机传播周期最长；当各国（地区）的阈值大于0.25时，中国台湾发生供应风险时，将不会导致任何参与半导体制成品贸易网络中的国家（地区）被传染。

表5-55　供给中断情景下，中国台湾作为网络传播源时，每个时期累计被感染的节点数

单位：个

阈值	T1	T2	T3	T4	T5	T6	T7	T8
0.05	1	41	132	136	136	136	136	136
0.1	1	16	128	135	135	135	135	135
0.15	1	7	127	134	135	135	135	135
0.2	1	5	116	132	133	133	133	133
0.25	1	1	1	1	1	1	1	1
0.3	1	1	1	1	1	1	1	1
0.35	1	1	1	1	1	1	1	1
0.4	1	1	1	1	1	1	1	1
0.45	1	1	1	1	1	1	1	1
0.5	1	1	1	1	1	1	1	1
0.55	1	1	1	1	1	1	1	1
0.6	1	1	1	1	1	1	1	1
0.65	1	1	1	1	1	1	1	1
0.7	1	1	1	1	1	1	1	1
0.75	1	1	1	1	1	1	1	1
0.8	1	1	1	1	1	1	1	1
0.85	1	1	1	1	1	1	1	1
0.9	1	1	1	1	1	1	1	1
0.95	1	1	1	1	1	1	1	1
1	1	1	1	1	1	1	1	1

注：出口减少比例为100%。

表5-56为各国（地区）的阈值为0.05情景下，中国台湾作为半导体制成品网络传播源节点时，每个时期累计被感染的节点数量。从表中可以发现，当中国台湾的出口减少比例为5%～20%时，此时中国台湾的供应风险均不会导致任何一个参与半导体制成品贸易的国家（地区）被传染；当中国台湾的出口减少比例为25%时，经历5个时期之后，半导体制成品网络中的其他国家（地区）将不会被传染；当中国

台湾的出口减少比例为30%时，经历6个时期后，半导体制成品网络中的其他国家（地区）将不会再受到感染，此时中国台湾的供应危机传播的周期最长；当中国台湾的出口减少比例为35%～40%时，中国台湾的供应危机传播周期为5个时期；当中国台湾的出口减少比例大于45%时，经历4个时期后，网络将不会有任何国家（地区）受感染，并且随着中国台湾的出口减少比例的增加，T2时期受感染的节点数随之逐渐增多。

表5–56　阈值为0.05情景下，中国台湾作为网络传播源，每个时期累计被感染的节点数

单位：个

减少比例（%）	T1	T2	T3	T4	T5	T6	T7	T8	T9	T10
5	1	1	1	1	1	1	1	1	1	1
10	1	1	1	1	1	1	1	1	1	1
15	1	1	1	1	1	1	1	1	1	1
20	1	1	1	1	1	1	1	1	1	1
25	1	5	116	132	133	133	133	133	133	133
30	1	6	124	133	134	135	135	135	135	135
35	1	7	128	134	135	135	135	135	135	135
40	1	9	128	134	135	135	135	135	135	135
45	1	11	128	135	135	135	135	135	135	135
50	1	16	128	135	135	135	135	135	135	135
55	1	20	128	135	135	135	135	135	135	135
60	1	25	130	135	135	135	135	135	135	135
65	1	28	130	135	135	135	135	135	135	135
70	1	32	131	135	135	135	135	135	135	135
75	1	34	131	135	135	135	135	135	135	135
80	1	36	131	135	135	135	135	135	135	135
85	1	37	131	135	135	135	135	135	135	135
90	1	38	131	135	135	135	135	135	135	135
95	1	40	132	136	136	136	136	136	136	136
100	1	41	132	136	136	136	136	136	136	136

为了清楚地观察中国台湾调整出口贸易策略后的冲击后果，本书讨论了中国台湾禁止所有半导体制成品出口的极端情况。表5–57展示了中国台湾在半导体制成品贸易中调整出口贸易策略后的影响路径。具体分析如下：当中国台湾发生供给中断时，危机首先将传播到瑞士、加拿大、挪威、中国等40个国家（地区）。其次，

供应危机再通过这40个国家（地区）传递给葡萄牙、丹麦、巴基斯坦等91个国家（地区）。最后，危机将通过这91个国家（地区）传递给圣多美和普林西比、毛里塔尼亚、佛得角和安道尔4个国家。图5-18是在贸易量的减少比例为100%，各国风险抵御能力为5%的情景下，以中国台湾作为半导体制成品贸易网络的传播源时，危机的传播路径。如图中所示，中国台湾作为半导体制成品贸易网络的传播源时，大部分受感染的国家（地区）均在第二个时期被间接传染，这些国家（地区）大部分分布于欧洲和非洲地区，其供应危机通过第一个时期被传染的中国、美国等国家（地区）传播。

表5-57　半导体制成品贸易中国台湾作为传播源时，对半导体制成品贸易的影响路径

时间	国家（地区）	时间	国家（地区）	时间	国家（地区）
1	瑞士	1	墨西哥	2	卢旺达
1	加拿大	1	中国	2	丹麦
1	阿根廷	1	泰国	2	摩洛哥
1	秘鲁	1	美国	2	葡萄牙
1	挪威	1	德国	2	克罗地亚
1	印度尼西亚	1	菲律宾	2	卡塔尔
1	芬兰	1	巴西	2	厄瓜多尔
1	新西兰	1	英国	2	牙买加
1	立陶宛	1	法国	2	阿鲁巴岛
1	乌克兰	1	澳大利亚	2	坦桑尼亚联合共和国
1	埃及	1	印度	2	波斯尼亚和黑塞哥维那
1	拉脱维亚	1	波兰	2	布隆迪
1	瑞典	1	马来西亚	2	赞比亚
1	比利时	1	韩国	2	多哥
1	科威特	1	爱沙尼亚	2	巴基斯坦
1	土耳其	1	阿塞拜疆	2	尼泊尔
1	越南	1	斯洛伐克	2	马耳他
1	新加坡	1	突尼斯	2	缅甸
1	中国香港	1	吉尔吉斯斯坦	2	埃塞俄比亚
1	日本	1	哈萨克斯坦	2	圭亚那

时间	国家（地区）	时间	国家（地区）	时间	国家（地区）
2	黑山	2	乌拉圭	2	安哥拉
2	约旦	2	文莱达鲁萨兰国	2	匈牙利
2	肯尼亚	2	马达加斯加	2	中国澳门
2	中非共和国	2	柬埔寨	2	巴林
2	特立尼达和多巴哥	2	塞浦路斯	2	毛里求斯
2	蒙古国	2	斐济	2	斯洛文尼亚
2	巴拉圭	2	布基纳法索	2	爱尔兰
2	法属波利尼西亚	2	冰岛	2	以色列
2	刚果民主共和国	2	马尔代夫	2	意大利
2	多米尼加共和国	2	巴哈马	2	阿拉伯联合酋长国
2	塞尔维亚	2	伯利兹	2	捷克
2	贝宁	2	尼日利亚	2	西班牙
2	阿曼	2	危地马拉	2	保加利亚
2	哥伦比亚	2	摩尔多瓦共和国	2	卢森堡
2	格鲁吉亚	2	塔吉克斯坦	2	荷兰
2	玻利维亚	2	巴巴多斯	2	乌兹别克斯坦
2	莫桑比克	2	博茨瓦纳	2	南非
2	津巴布韦	2	尼日尔	2	智利
2	巴勒斯坦	2	科特迪瓦	2	亚美尼亚
2	黎巴嫩	2	马拉维	2	巴拿马
2	哥斯达黎加	2	奥地利	2	斯里兰卡
2	北马其顿	2	希腊	3	圣多美和普林西比
2	纳米比亚	2	加纳	3	毛里塔尼亚
2	塞内加尔	2	罗马尼亚	3	佛得角
2	尼加拉瓜	2	萨尔瓦多	3	安道尔

注：贸易量的减少比例为100%，风险抵御能力为5%。

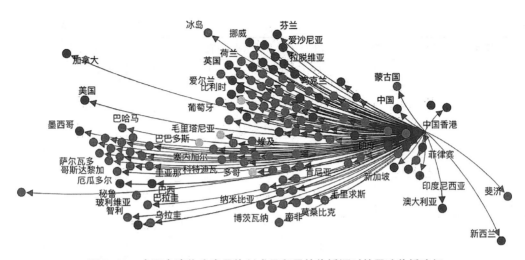

图 5-18 中国台湾作为半导体制成品贸易的传播源时的风险传播路径

注：贸易量减少比例为100%，风险抵御能力为5%，节点灰度表示传播的轮次，灰度由深到浅依次表示T1、T2、T3、T4时期受感染的节点。

表5-58为供给中断情景下，韩国作为半导制成品贸易网络传播源时，每个时期累计被感染的国家（地区）数。从表中可以发现，当各国（地区）的阈值为0.05～0.15时，韩国的供应风险经过四个时期后将不会传染给其他国家（地区）；当各国（地区）阈值为0.2～0.4时，经历两个时期之后，半导体制成品贸易网络中的其他国家（地区）将不会被传染；当各国（地区）的阈值大于0.45时，韩国的供应风险将不会导致半导体制成品网络中的任意一个国家（地区）受到感染。此外，随着各国（地区）的阈值逐渐增大，韩国作为风险爆发源节点导致网络中失效节点的数量迅速减少到0。

表5-58 供给中断情景下，韩国作为网络传播源时，每个时期累计被感染的节点数

单位：个

阈值	T1	T2	T3	T4	T5	T6	T7	T8
0.05	1	20	131	136	136	136	136	136
0.1	1	12	121	135	135	135	135	135
0.15	1	7	10	13	13	13	13	13
0.2	1	4	4	4	4	4	4	4
0.25	1	2	2	2	2	2	2	2
0.3	1	2	2	2	2	2	2	2
0.35	1	2	2	2	2	2	2	2
0.4	1	2	2	2	2	2	2	2
0.45	1	1	1	1	1	1	1	1

阈值	T1	T2	T3	T4	T5	T6	T7	T8
0.5	1	1	1	1	1	1	1	1
0.55	1	1	1	1	1	1	1	1
0.6	1	1	1	1	1	1	1	1
0.65	1	1	1	1	1	1	1	1
0.7	1	1	1	1	1	1	1	1
0.75	1	1	1	1	1	1	1	1
0.8	1	1	1	1	1	1	1	1
0.85	1	1	1	1	1	1	1	1
0.9	1	1	1	1	1	1	1	1
0.95	1	1	1	1	1	1	1	1
1	1	1	1	1	1	1	1	1

注：出口减少比例为100%。

表5-59为各国（地区）的阈值为0.05情景下，韩国作为半导体制成品网络传播源节点时，每个时期累计被感染的节点数量。从表中可以发现，当韩国的出口减少比例为5%～10%时，韩国的供应风险均不会导致任何一个参与半导体制成品贸易的国家（地区）被传染；当韩国的出口减少比例为15%～25%时，经历2个时期之后，半导体制成品网络中的其他国家（地区）将不会被传染；当韩国的出口减少比例为30%时，经历3个时期后，半导体制成品网络中的其他国家（地区）将不会再受到感染；当韩国的出口减少比例为40%～45%时，韩国的供应危机将会传播6个时期，此时韩国的供应危机传播的周期最长；当韩国的出口减少比例大于50%时，经历4个时期后，网络将不会有任何国家（地区）受感染，并且随着出口减少比例增加，韩国作为风险爆发源节点导致风险传播路径以及每个周期失效节点数趋于稳定。

表5-59　阈值为0.05情景下，韩国作为网络传播源时，每个时期累计被感染的节点数

单位：个

减少比例（%）	T1	T2	T3	T4	T5	T6	T7	T8
5	1	1	1	1	1	1	1	1
10	1	1	1	1	1	1	1	1
15	1	2	2	2	2	2	2	2
20	1	2	2	2	2	2	2	2
25	1	4	4	4	4	4	4	4
30	1	6	7	7	7	7	7	7
35	1	8	12	16	16	16	16	16
40	1	10	17	121	134	135	135	135

减少比例（%）	T1	T2	T3	T4	T5	T6	T7	T8
45	1	10	17	121	134	135	135	135
50	1	12	121	135	135	135	135	135
55	1	13	123	135	135	135	135	135
60	1	15	128	135	135	135	135	135
65	1	17	130	135	135	135	135	135
70	1	17	130	135	135	135	135	135
75	1	17	130	135	135	135	135	135
80	1	19	131	135	135	135	135	135
85	1	20	131	135	135	135	135	135
90	1	20	131	135	135	135	135	135
95	1	20	131	136	136	136	136	136
100	1	20	131	136	136	136	136	136

为了清楚地观察韩国调整出口贸易策略后的冲击后果，本书讨论了韩国禁止所有半导体制成品出口的极端情况。表5-60展示了韩国在半导体制成品贸易中调整出口贸易策略后的影响路径。具体分析如下：当韩国发生供给中断时，危机首先将传播到中国、新加坡、美国等19个国家（地区）。其次，供应危机再通过这19个国家（地区）传递给葡萄牙、加拿大、缅甸等111个国家（地区）。最后，危机将通过这111个国家（地区）传递给圣多美和普林西比、哥斯达黎加、毛里塔尼亚、佛得角和安道尔5个国家。此外，对比中国台湾和韩国的传播路径可以发现，两者作为供应危机爆发源节点导致第三个周期失效节点相同，即两者的传播路径具有一定的相似性。图5-19是在贸易量的减少比例为100%，各国（地区）风险抵御能力为5%的情景下，以韩国作为半导体制成品贸易网络的传播源时，危机的传播路径。如图中所示，韩国作为半导体制成品贸易网络的传播源时，大部分受感染的国家（地区）均在第二个时期被间接传染，这些国家（地区）大部分分布于欧洲和非洲地区，仅有19个国家（地区）直接受到韩国供应危机的影响，且大部分位于亚洲。

表5-60　半导体制成品贸易韩国作为传播源时，对半导体制成品贸易的影响路径

时间	国家（地区）	时间	国家（地区）	时间	国家（地区）
1	中非共和国	1	卢旺达	1	越南
1	印度尼西亚	1	埃及	1	新加坡
1	蒙古国	1	安哥拉	1	中国香港
1	多米尼加共和国	1	塞尔维亚	1	墨西哥

时间	国家（地区）	时间	国家（地区）	时间	国家（地区）
1	中国	2	约旦	2	布基纳法索
1	美国	2	肯尼亚	2	冰岛
1	菲律宾	2	挪威	2	马尔代夫
1	巴西	2	特立尼达和多巴哥	2	巴哈马
1	印度	2	巴拉圭	2	伯利兹
1	波兰	2	法属波利尼西亚	2	尼日利亚
1	哈萨克斯坦	2	刚果民主共和国	2	危地马拉
2	丹麦	2	贝宁	2	摩尔多瓦共和国
2	摩洛哥	2	阿曼	2	塔吉克斯坦
2	葡萄牙	2	芬兰	2	巴巴多斯
2	瑞士	2	哥伦比亚	2	博茨瓦纳
2	阿根廷	2	格鲁吉亚	2	尼日尔
2	加拿大	2	新西兰	2	科特迪瓦
2	卡塔尔	2	玻利维亚	2	马拉维
2	牙买加	2	莫桑比克	2	奥地利
2	阿鲁巴岛	2	津巴布韦	2	希腊
2	坦桑尼亚联合共和国	2	巴勒斯坦	2	加纳
2	波斯尼亚和黑塞哥维那	2	黎巴嫩	2	厄瓜多尔
2	布隆迪	2	北马其顿	2	瑞典
2	赞比亚	2	纳米比亚	2	罗马尼亚
2	多哥	2	塞内加尔	2	萨尔瓦多
2	巴基斯坦	2	尼加拉瓜	2	比利时
2	克罗地亚	2	立陶宛	2	匈牙利
2	尼泊尔	2	乌拉圭	2	中国澳门
2	科威特	2	文莱达鲁萨兰国	2	土耳其
2	马耳他	2	马达加斯加	2	巴林
2	缅甸	2	柬埔寨	2	毛里求斯
2	秘鲁	2	乌克兰	2	斯洛文尼亚
2	埃塞俄比亚	2	塞浦路斯	2	中国台湾
2	圭亚那	2	斐济	2	日本
2	黑山	2	拉脱维亚	2	泰国

时间	国家（地区）	时间	国家（地区）	时间	国家（地区）
2	爱尔兰	2	西班牙	2	斯洛伐克
2	德国	2	保加利亚	2	巴拿马
2	以色列	2	卢森堡	2	斯里兰卡
2	英国	2	荷兰	2	突尼斯
2	法国	2	乌兹别克斯坦	2	吉尔吉斯斯坦
2	意大利	2	南非	3	圣多美和普林西比
2	澳大利亚	2	爱沙尼亚	3	哥斯达黎加
2	阿拉伯联合酋长国	2	智利	3	毛里塔尼亚
2	捷克	2	亚美尼亚	3	佛得角
2	马来西亚	2	阿塞拜疆	3	安道尔

注：贸易量的减少比例为100%，风险抵御能力为5%。

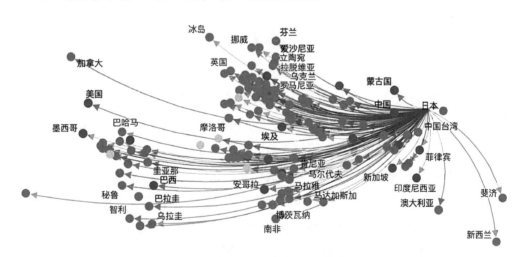

图 5-19　韩国作为半导体制成品贸易的传播源时的风险传播路径

注：贸易量减少比例为100%，风险抵御能力为5%，节点灰度表示传播的轮次，灰度由深到浅依次表示T1、T2、T3、T4时期受感染的节点。

此外，经过本书的研究发现，半导体产业链多层网络中的关键节点出口限制传播的供应风险传播过程中，危机的传播存在以下3种模式：

（1）直接传播：半导体产业链贸易网络中关键节点出口限制传播的供应风险传播时，大部分被传染国家（地区）主要通过与传播源存在直接的贸易关系进行传播。通过研究发现，大部分国家（地区）在半导体产业链网络层内的供应风险传播均通过直接传播的方式。

（2）间接传播：半导体产业链中关键节点出口限制传播的供应风险传播时，不仅通过直接传播，还可以通过直接传播的国家（地区）进行2次、3次传播等。半导体产业链中关键节点出口限制传播进行多次传播主要是通过该产业链中的关键节点进一步将风险传播到整个网络，如在层间贸易网络传播中，日本作为半导体制造设备贸易网络的传播源时，主要通过中国、马来西亚、中国台湾等13个国家（地区）在半导体制造设备网络中传播，通过这几个国家（地区）在半导体制造材料网络中传播给众多国家（地区）。

（3）区域传播：半导体产业链贸易网络中的风险传播具有空间联系，风险主要进行区域传播。在关键节点出口限制传播的供应风险传播的过程中，风险传播的范围主要是本区域或者临近区域。这种模式在中国半导体制造设备贸易网络层内传播路径中最为明显。一旦中国发生供应危机，亚洲地区的国家（地区）将受到最直接的影响，且区域失效节点占整体数量比例是最高的。

5.6　本章小结

由于金融危机、中美贸易摩擦、新冠疫情等重大突发事件扰乱全球经济秩序，各国（地区）对外贸政策的调整均采用单个国家（地区）出口限传播的方式。因此，基于该背景，本章采用单个国家（地区）出口限制传播的方式研究供给短缺情景下的半导体产业链多层网络的风险传播机制。在传播模型中，从层内、层间两个方面研究出口限制的半导体产业链多层网络贸易风险传播机制，分析不同供给冲击下的风险传播范围并识别出半导体产业链贸易风险传播机制中的关键传播源、冲击拐点以及关键节点的具体传播路径。本章的结论如下：

（1）全球半导体产业链多层网络中的风险传播属于"少数通信"，具有"稳健而脆弱"的特征。即意味着其网络中少数关键节点控制着大多数的贸易流，若网络中的关键节点发生贸易风险采用出口限制传播的策略，一旦冲击达到某个阈值，将会引起更广泛的传染并且影响众多国家（地区）。换句话说，该网络虽能够抵抗随机冲击，但是当关键风险来源受到冲击时，网络十分脆弱。而网络中的非关键国家（地区）即使发生贸易风险，均不会影响其他国家（地区）。所以，网络系统展现出"稳健而脆弱"的特征，即系统可以承受随机的冲击，但是当关键节点发生贸易风险时，一旦超过某个阈值，全球半导体贸易网络十分不稳定。

（2）随着供给冲击的增大，受到出口限制传播的贸易风险传播影响的国家（地区）的百分比逐渐增大，整体呈现阶梯上升。半导体制造设备、半导体制造材料、制成品发生出口限制的贸易风险时，关键节点不同，所造成的风险传播程度也不同。此外，半导体产业链的贸易风险在层内传播与层间传播的关键节点排序也略有差异，但排名前十的国家（地区）的名单重复率极高。经过本章研究结果可知，半导体制造设备贸易中的关键国家为美国、日本、中国、德国；半导体制造材料贸易中的关键国家为中国、日本、美国；半导体制成品贸易中的关键国家（地区）为中国、中国台湾、韩国。从出口限制传播的半导体产业链风险研究看，中国在半导体制造设备、半导体制造材料、半导体制成品贸易环节都处于至关重要的位置，其一旦发生贸易风险，对整体半导体产业链贸易的影响巨大。例如，当中国在半导体的制造设备贸易网络中发生供应中断，各国（地区）的抵御风险阈值为0.05时，网络中85%以上参与贸易的国家（地区）均会被感染，并且会导致半导体制造材料网络中88.5%的国家（地区）全部被感染。此外，本书还发现，风险传播方式主要有直接传播和间接传播两种，并且间接传播中一般风险源会感染关键节点和邻居节点，通过关键节点向整个网络传播风险。

6 研究结论及展望

6.1 主要结论

半导体产业作为当前信息产业的核心和数字经济发展的基石，其供应安全问题是非常值得关注的问题。随着中美贸易摩擦、俄乌冲突、新冠疫情等突发事件深刻影响各国（地区）半导体行业的发展，对半导体产业产生了一定的冲击，同时更是对中国的半导体产业的出口和发展产生了较为深刻的影响。因此，本书从产业链的视角分析了出口限制传播的贸易风险在全球半导体产业链网络中的传播规律。首先，本书从横向空间贸易的视角分别构建了半导体制造设备、半导体制造材料和半导体制成品贸易网络，分别对其拓扑特征和社区结构进行分析，基于2008—2022年数据研究各层网络的拓扑结构以及社区演变，对全球半导体产业链贸易格局的时空演变进行探讨。其次，根据半导体产业链中各环节产品的投产比关系建立"半导体制造设备—半导体制造材料—半导体制成品"的多层贸易网络，为研究多层网络的供应风险传播奠定了基础。最后，针对贸易国家（地区）采取单个节点出口限制传播的贸易策略所引发的贸易风险的传播方式、传播特征以及适用情境加以探讨。本书重点研究基于出口限制传播的半导体产业链多层网络贸易风险传播模型，探究半导体产业链多层网络贸易风险的传播机制，分析不同供给冲突下的风险传播范围、识别半导体产业链贸易风险传播机制中的关键传播源、冲击拐点以及关键国家（地区）的具体传播路径。该研究从贸易风险传导的视角，丰富了新兴技术产业供应安全研究理论，拓展了复杂网络方法在全球半导体产业贸易领域的应用。得到了以下主要结论：

（1）从单层的贸易网络演变分析发现，参与半导体制造设备和半导体制造材料贸易的国家（地区）数、贸易连边较少。网络密度相较于其两个网络相对较小。平均路径长度、网络直径变化幅度较大、网络较为稀疏。而参与制成品的国家（地区）贸易连边较多、网络密度大、网络节点的聚集程度高。半导体产业链贸易网络均有较为明显的"核心—边缘"结构，并且网络内各国（地区）的地位也有显著的变化。中国在半导体制造材料和半导体制造设备网络的主导地位日益显著，逐渐成为核心圈层的中心国家。美国、日本等国家在半导体制成品贸易网络中的地位逐渐减弱，其产业重心已经转移到半导体制造设备和制造材料环节。而越南逐渐进入全球半导体的分工体系中，其在半导体制成品网络中的地位日益显著，将成为东南亚地区新兴的半导体产业主体。从网络的社区结构演变中发现，无论是半导体制成品、半导体制造材料还是半导体制造设备贸易网络，它们的社区划分的数量均没有较大幅度的变化，其社区结构相对稳定。全球半导体产业链网络社区划分的结果仍然具有明显的区域性特征，但是随着半导体产业链贸易的不断发展，"洲际壁垒"已经有了逐渐被打破的趋势，几个处于核心地位的国家（地区）比较平等地分配到各社区中，在社区内对产品的贸易起到领导与支配作用。

（2）半导体制成品贸易网络抵抗贸易风险的能力相对最强。当少数国家（地区）作为初始风险传播源时，会使贸易风险网络中的风险感染率较大。而半导体制造材料和半导体制造设备贸易网络抵抗风险的能力相对较弱。在半导体产业链单层网络中，各国（地区）抵抗风险能力为固定阈值的情况下，随着各风险源出口减少比例的增加，半导体产业链的供应风险所影响的国家（地区）数量在逐渐增加。而且对于不同的风险传播源，半导体产业链贸易网络感染规模也有较大的差异，半导体制成品贸易网络的密度较大，网络中能够引起供应风险的初始关键节点的数量也高于另外两种产品。在供给中断的情况下，随着贸易网络中所有国家（地区）抵抗风险能力的阈值逐渐增加，网络中失效节点的数量逐渐减少，整体呈现出阶梯式下降的趋势。中国作为初始风险源时，在半导体制造设备、半导体制造材料、半导体制成品网络中均被列为关键节点。即使中国在半导体制造设备网络中不是主要的进口国，但中国发生供应危机仍然会导致网络中的大部分国家（地区）受到影响。此外，中国在半导体产业链贸易网络中的风险传播以直接传播为主，而日本和美国的供应风险多数情况下以间接传播的方式进行。

（3）在半导体制造设备网络中的关键节点出现供应危机对半导体制造材料贸易网络层产生的影响研究中，影响力位列前十的国家（地区）与半导体制造设备单层网络层内传播的国家（地区）完全一致，而排名略有差别。在半导体制造设备层间网络风险传播中，各国（地区）抵抗风险能力为固定阈值的情况下，随着各风险源出口减少比例的增加，半导体制造设备网络中关键节点导致半导体制造材料网络中失效节点的数量逐渐增加。而且，对于不同的风险传播源，半导体制造材料贸易网络中感染规模也有差异。在供给中断的情况下，随着贸易网络中所有国家（地区）抵抗风险能力的阈值逐渐增加，制造材料网络中失效节点的数量逐渐减少，整体也呈现出阶梯式下降的趋势。在各国（地区）抵抗风险能力的阈值低于10%时，筛选出的10个国家（地区）作为初始风险源均可导致网络中85%以上的国家（地区）被传染。德国作为半导体制造设备贸易网络中的传播源时，对半导体制造材料贸易网络的冲击最强。

（4）在半导体制造材料网络中的关键节点出现供应危机对半导体制成品贸易网络层产生的影响研究中，影响力位列前十的国家（地区）与半导体制造材料单层网络层内传播的国家（地区）有略微差别，但整体没有较大的区别。与半导体制造设备贸易网络层间风险传播规律基本一致。此外，层间网络的供应风险传播的特征均为直接影响一些网络中的关键节点，并通过关键节点大范围传播到网络中的其他国家（地区）。在各国（地区）抵抗风险能力阈值和出口减少比例遍历取值导致网络中失效节点的平均值中，中国作为初始源节点对半导体制成品贸易网络的冲击力最强。然而，在各国（地区）阈值为0.05的情况下，美国、日本、德国、中国台湾、法国作为初始源节点导致半导体制成品网络中88.31%的国家（地区）被传染，中国则导致网络中85.06%的国家（地区）被传染。相较于半导体制造设备—制造材料贸易层间网络，中国在半导体制造材料—制成品贸易层间网络的影响力更强。

6.2 政策建议

6.2.1 参与全球半导体贸易规则制定，构建良好贸易环境

根据当前的国际局势以及近年来美国对中国半导体产业实施多项严格的限制措施，中国在高端半导体制造设备和技术方面的获取受到了极大挑战，进而对中国的半导体产业链产生了深远影响，特别是在先进制程的芯片制造上。首先，中国作为半导体产业链中的处于核心地位的国家，应当积极争取国际话语权，推动有利于中国的规则制定。面对全球半导体贸易规则的变化，中国应当积极参与国际组织和论坛，争取在贸易规则制定中的话语权，确保规则制定有利于中国半导体产业的发展。通过与多边组织如WTO、APEC等的合作，中国可以更好地应对贸易壁垒和技术封锁带来的挑战。其次，中国应该加强区域经济合作，推动全球供应链多元化。应加快推进《区域全面经济伙伴关系协定》（RCEP）和《中欧全面投资协议》的落实，与东南亚、欧洲等国建立更加紧密的供应链合作伙伴关系。这将有助于中国半导体企业在全球范围内分散供应链风险，避免对单一国家的过度依赖。此外，中国还应该推动多边协作机制，促进全球供应链透明化和稳定性。通过建立多边供应链

协作机制，中国可以与全球半导体供应链中的主要参与者共同应对市场波动和技术挑战。通过设立国际供应链透明度标准，确保供应链的各个环节在技术和材料供应上的顺畅流动。

6.2.2 加强产业供应链安全体系建设，构建国内外双循环体系

根据半导体产业链多层网络贸易格局的演变分析结果，从根本上降低我国的半导体产业链风险累积程度，不仅要加强产业链供应安全体系建设，还需要构建"国内国际双循环"的体系。首先，要持续强化制造业在GDP占比中的核心地位。制造业是经济发展的基础，也是半导体产业供应链的核心载体。中国应当加强对制造业的支持政策，确保其在GDP中的占比稳定，特别是在半导体制造设备和材料领域，推动本土技术创新，减少对外部技术的依赖。其次，要破除要素流通壁垒，降低企业成本。政府应当降低要素流通中的制度性成本，打破半导体产业中的垄断性供给，降低企业在生产过程中获取设备、材料和技术的难度。通过制定灵活的税收政策、提供研发补贴，鼓励企业积极参与全球供应链，减少对单一市场或技术的依赖。最后，要注重国际合作，推动供应链双循环。在"国内国际双循环"新发展格局下，中国应主动加强与半导体产业链中的其他国家，如韩国、日本、荷兰等的合作，破除美国对中国的出口限制导致的"卡脖子"局面。在确保国内产业链安全的前提下，通过共建"一带一路"倡议等政策，推动国际供应链的多元化，降低供应链断裂的风险。

6.2.3 合理控制半导体产业链贸易中的出口量变化，防止全球出现市场紊乱

根据半导体产业链多层网络贸易风险传播规律分析的结果，中国在半导体产业链中占据核心地位。为了稳定全球半导体市场秩序，中国应该合理控制半导体产业链中出口贸易量的变化。随着全球半导体产业链的发展，中国作为半导体产业链中的主要出口国和消费国，其贸易量出现微小的变化也有可能会对一些国家（地区）产生影响。对于中国而言，为保障半导体产业链能够得到长期有效的市场供应，在半导体制造设备贸易中，中国应与德国、日本等国家保持较好的外交关系，以保障我国半导体制造材料和制成品稳定生产。同时，我国加大对半导体制造设备中关键技术的自主研发投入，大力推动在光刻机、芯片设计等关键领域的自主研发，减少

对美国和欧洲技术的依赖。设立专门的科研基金，支持科研机构和企业在高端芯片设计和制造设备领域的突破。此外，政府还可以鼓励企业寻求替代产品与新型材料的研发合作，加强在半导体新型材料方面的研发力度，特别是在稀土、硅材料和光刻胶等领域，建立替代材料供应链，减少对单一材料供应的依赖。通过与国际科研机构的合作，探索新型材料的应用，增强产业链的灵活性。

6.2.4 重点关注关键国家（地区）贸易政策变化，保障我国半导体产业供应安全

根据半导体产业链多层网络贸易风险传播规律分析的结果，保障我国半导体产业链的供应安全，我国应重点关注关键国家的贸易政策变化，以便迅速做出应对策略以减少贸易中风险所带来的损失。一方面，中国应该重点关注我国在半导体制造设备、制造材料贸易中依赖程度相对较高的国家（地区）的贸易政策变化以及贸易策略的调整方式。由于我国在关键半导体设备和材料方面对外依赖度较高，应特别关注美国、日本、荷兰等半导体技术和设备出口国的贸易政策变化。这些国家的技术限制和出口管制可能直接影响我国的半导体生产和创新能力，因此及时监控其政策变化能够帮助我国迅速调整策略，减轻可能带来的负面影响。另一方面，中国应该重点关注半导体制造设备、半导体制造材料、半导体制成品贸易网络中的关键国家（地区）的贸易政策变化以及贸易策略的调整方式，以便及时做出应对措施以保障我国半导体产业链的供应安全。在半导体制造设备贸易中，重点关注美国、日本、德国等国家（地区）的贸易政策；在半导体制造材料贸易中，重点关注日本、美国等国家和中国台湾地区的贸易政策变化；在半导体制成品贸易中，中国虽然对外依赖程度较小，但也应该适当关注中国台湾地区和韩国等国家的贸易政策变化。此外，还应关注该贸易国贸易政策的调整方式，根据贸易风险的传播模式，以判断此次贸易风险对本国资源的影响程度，以调整本国的贸易策略。

6.3 研究不足与展望

尽管已经完成了研究，但由于数据的不确定性和建模方法的局限性，本书仍有很大的改进空间。现阶段还存在局限性和不足，需要在今后的研究中继续深入研究和完善。

（1）由于数据的可得性，本书仅选取了半导体产业中涉及的半导体制成品、半导体制造设备和半导体制造材料等产品的数据，涉及终端的应用环节的数据没有被涵盖在研究中。在未来研究整个半导体产业链，应收集更多涵盖终端应用产业产品数据进行研究，使整个产业链的研究更加完整。

（2）在半导体产业的风险评估研究中，由于其上游主要参与节点较少，且产品的主要出口市场表现出较强的垄断在美国、荷兰等少数国家（地区）中。因此，诸多进口国（地区）更加注重是否能获得该产品，而不是依赖价格或者其他因素。在进行贸易重构时，本书不仅应关注贸易量，还应该综合考虑价格、市场趋势和政治等多方面因素，为参与贸易的国家（地区）提供更加全面的贸易重组策略。

（3）本书在对半导体产业供应链风险传播的研究中，仅针对单一国家（地区）限制出口进行研究。而在国家（地区）贸易的研究中，由于双边和多边国家（地区）的贸易摩擦问题也成为当前国际贸易网络所面临的主要问题，且由于多边国家（地区）模拟的情况中关于关键国家（地区）的选取依据、传播情况更为复杂，所以在之后的研究中还可以对该问题进行研究。

参考文献

[1] DICKEN P. Global shift: mapping the changing contours of the word economy [M]. 5th ed. New York: Guilford, 2007.

[2] PIERUCCI F. The American trap: my battle to expose America's secret economic war against the rest of the world[M]. Hachette UK, 2019.

[3] NENNI D, MCLELLAN P. Fabless: the transformation of the semiconductor industry[M]. Create Space Independent Publishing Platform, 2014.

[4] 朱贻玮.集成电路产业50年回眸[M].北京：电子工业出版社，2016.

[5] 任亚文，杨宇，王云，等.全球半导体贸易结构演化及其依赖关系[J].地理学报，2023，78（2）：371-385.

[6] BOWN C P. How the United States marched the semiconductor industry into its trade war with China[C]. Rochester, NY, 2020.

[7] 黄烨菁，孙美露，窦钱斌.中国集成电路产业跨国供应链风险、成因及发展趋势[J].亚太经济，2022（3）：119-128.

[8] ASML最新声明：荷兰撤销了部分光刻机出口许可证 [EB/OL].（2024-01-02）[2024-06-08]. https://m.21jingji.com/article/20240102/herald/cc1d18a77ec46ac2d6ca2 fcda759e5de.html.

[9] 日本地震恐加剧全球汽车缺芯风波[EB/OL].（2024-01-02）[2024-06-08]. https://news.eeworld.com.cn/manufacture/ic526474.html.

[10] WU X, ZHANG C, DU W. An analysis on the crisis of "chips shortage" in automobile industry-based on the double influence of COVID-19 and trade friction[J]. Journal of Physics: Conference Series, 2021, 1971（1）: 012100.

[11] 池内了.从三十项发明阅读世界史[M].上海：上海文艺出版社，2018：254.

[12] 雷晓明，王建章，李江.新世纪初信息产业导向[M].北京：清华大学出版社，2000：261.

[13] 中国半导体行业协会.发展和变化中的全球集成电路产业（下）[J].中国集成电路，2008（3）：31-39.

[14] 张玉娇.韩国半导体产业发展研究[D].长春：吉林大学，2020.

[15] 黄爱武.福建省集成电路产业发展研究[D].厦门：厦门大学，2005.

[16] VARAS, VARADARAJAN R, GOODRICH J, et al. Strengthening the global

semiconductor supply chain in an uncertain era[R]. Boston Consulting Group and Semiconductor Industry Association, 2021.

[17] MOHAMMAD W, ELOMRI A, KERBACHE L. The global semiconductor chip shortage: causes, implications, and potential remedies[J]. IFAC-Papers Online, 2022, 55(10): 476-483.

[18] Accenture. Semiconductor companies: business resilience in the wake of COVID-19 A guide to the disruptive impacts & practical actions for semiconductor companies to take [EB/OL]. (2020-07-10) [2024-06-08]. https://www.accenture.com/_acnmedia/ PDF-126/Accenture-High-Tech-Covid-19-SEMICONDUCTOR.

[19] PETERS J. The global chip shortage is a nightmare before Christmas-The verge [EB/OL]. (2021-11-11) [2024-06-08]. https://www.theverge.com/22777216/global-chip-supply-chain-shortage-holidays-christmas-shopping.

[20] MOKTADIR M A, JING ZHENG R E N. Global semiconductor supply chain resilience challenges and mitigation strategies: a novel integrated decomposed fuzzy set Delphi, WINGS and QFD model[J]. International Journal of Production Economics, 2024: 109280.

[21] WONG C Y, RUSSELL C J. A search dilemma for market niches: Korea and Taiwan in a time of US - China high - tech decoupling[J]. Global Policy, 2024.

[22] Applied Materials. Q4 Fiscal 2022 Earnings Call [EB/OL]. (2022-11-07) [2024-06-08]. https://ir.appliedmaterials.com/static-files/b2eb0d1c-910b-4080-a0ca-c92a20829db2.

[23] SERRANO M A, BOGUNA M. Topology of the world trade web[J]. Phys Rev E Stat Nonlin Soft Matter Phys, 2003, 68(1 Pt 2): 015101.

[24] 高菠阳, 李俊玮. 全球电子信息产业贸易网络演化特征研究[J]. 世界地理研究, 2017, 26(1): 1-11.

[25] 王倩倩, 杜德斌, 张杨, 等. 全球手机贸易网络演化特征研究[J]. 世界地理研究, 2019, 28(2): 170-178.

[26] 刘清, 杨永春, 蒋小荣, 等. 手机全球贸易网络演化及供需匹配关系: 基于复杂网络的社团分析[J]. 经济地理, 2021, 41(3): 113-125.

[27] 段德忠, 杜德斌. 全球高科技产品贸易结构演化及影响因素[J]. 地理学报, 2020, 75(12): 2759-2776.

[28] 成丽红，孙天阳.战略性产业贸易网络的结构特征及演化模式[J].科学学研究，2021，39（12）：2140-2148.

[29] 陈小强，袁丽华，宋长青，等.中美在中国周边地区的商品贸易发展及影响力对比[J].地理研究，2022，41（3）：663-680.

[30] 曲如晓，李婧.世界高技术产品贸易格局及中国的贸易地位分析[J].经济地理，2020，40（3）：102-109，140.

[31] 罗超亮，符正平，刘冰，等.战略性新兴产业国际贸易网络的演化及动力机制研究[J].国际贸易问题，2022（3）：121-139.

[32] 祁欣.集成电路贸易网络地位对经济增长的影响研究[D].成都：西南财经大学，2023.

[33] 李庭竹，杜德斌，黄晓东.全球集成电路贸易网络的空间结构演化与关系升级[J].地理研究，2023，42（3）：597-616.

[34] 李庭竹，杜德斌.全球集成电路贸易网络结构演化及中国对外依赖分析[J].中国科技论坛，2023（3）：93-103.

[35] ZHANG Y, ZHU X. Analysis of the global trade network of the chip industry chain: does the US-China tech war matter? [J]. Heliyon, 2023, 9（6）: e17092.

[36] 何明珂.新阶段全球半导体供应链重构及其思考[J].北京工商大学学报（社会科学版），2023，38（1）：62-76.

[37] MATSUO H. Implications of the Tohoku earthquake for Toyota's coordination mechanism: supply chain disruption of automotive semiconductors[J]. International Journal of Production Economics, 2015, 161: 217-227.

[38] RINALDI M, BOTTANI E. How did COVID-19 affect logistics and supply chain processes? immediate, short, and medium-term evidence from some industrial fields of Italy[J]. International Journal of Production Economics, 2023, 262: 108915.

[39] JEONG H, ROBERTSON R. Beyond the Battle for Supremacy: reshaping the global semiconductor supply Chain[J]. Mosbacher Institute for Trade, Economics, and Pubbic Policy, 2023, 3（1）.

[40] 王华，李龙.全球半导体贸易网络的结构演进及稳定性分析[J].科学学研究，2025，43（3）：462-476.

[41] YU Y, MA D, WANG Y. Structural resilience evolution and vulnerability assessment of semiconductor materials supply network in the global semiconductor industry[J].

International Journal of Production Economics, 2024: 109172.

[42] 周欢，郭红洁，王坚强，等.跨界融合供应链网络风险传播建模及抗毁性研究[J].控制与决策，2023，1：1-9.

[43] WATTS D J. A simple model of global cascades on random networks [J]. Proceedings of the National Academy of Sciences of the United States of America, 2002, 99(9): 5766-5771.

[44] 董高高，田立新，杜瑞瑾，等.中国多态化能源结构下耦合相依网络模型研究[J].系统工程学报，2014，29(5)：619-627.

[45] HAVLIN S, ARAÜJO N A M, BULDYREV S V, et al. Catastrophic cascade of failures in interdependent networks[M]. IOS Press, 2012: 311-324.

[46] 王英聪，肖人彬.基于欠载失效的供应链网络级联失效建模[J].计算机集成制造系统，2020，26(5)：1355-1365.

[47] 李姝，杨华，宋波.多层供应链网络中欠载失效和过载级联失效的协同演化研究[J].计算机科学，2021，48(10)：351-358.

[48] HU X, WANG C, et al. Characteristics of the global copper raw materials and scrap trade systems and the policy impacts of China's import ban [J]. Ecological Economics, 2020, 172: 106626.

[49] CHEN D B, GAO H, LYU L, et al. Identifying influential nodes in large-scale directed networks: the role of clustering[J]. PLOS One, 2013, 8(10): e77455.

[50] 沈曦.关键矿产资源贸易网络格局演化和节点韧性研究[D].北京：中国地质大学，2022.

[51] PAGE L, BRIN S, MOTWANI R, et al. The PageRank citation ranking: bringing order to the web [C]. Proceedings of the 7th International World Wide Web Conference, 1998: 161-172.

[52] LI Q, ZHOU T, LYU L Y, et al. LeaderRank: an efficient ranking algorithm for large-scale networks [J]. Journal of Computer Science, 2011, 29(5): 987-1002.

[53] SAITO K, KIMURA M, OHARA K, et al. Selecting information diffusion models over social networks for behavioral analysis[C]. Joint European Conference on Machine Learning and Knowledge Discovery in Databases, 2010: 180-195.

[54] DUTTA R, MIRA A, Onnela J P. Bayesian inference of spreading processes on networks[J]. Proceedings of the Royal Society A: Mathematical, Physical and

Engineering Sciences, 2018, 474（2215）: 20180129.

[55] ZHUKOV D, ANDRIANOVA E, TRIFONOVA O. Stochastic diffusion model for analysis of dynamics and forecasting events in news feeds[J]. Symmetry, 2021, 13 （2）: 257.

[56] BERLINGERIO M, COSCIA M, GIANNOTTI F, et al. Multidimensional networks: foundations of structural analysis[J]. World Wide Web, 2013, 16（5-6）: 567-593.

[57] ROSSETTI G, CAZABET R. Community discovery in dynamic networks: a survey[J].ACM computing surveys（CSUR）, 2018, 51（2）: 1-37.

[58] YU L, LI P, ZHANG J, et al. Dynamic community discovery via common subspace projection[J]. New Journal of Physics, 2021, 23（3）: 033029.

[59] 汪小帆, 李翔, 陈关荣.网络科学导论[M].北京: 高等教育出版社, 2012.

[60] GIRVAN M, NEWMAN M E. Community structure in social and biological networks[J]. Proceedings of the National Academy of Sciences of the United States of America, 2002, 99（12）: 7821-7826.

[61] PALLA G, DERENYI I, FARKAS I, et al. Uncovering the overlapping community structure of complex networks in nature and society[J]. Nature, 2005, 435: 814-818.

[62] AN H Z, ZHONG W Q, CHEN Y R, et al. Features and evolution of international crude oil trade relationships: a trading-based network analysis[J]. Energy, 2014, 74: 254-259.

[63] BERLINGERIO M, COSCIA M, GIANNOTTI F, et al. Multidimensional networks: foundations of structural analysis[J]. World Wide Web, 2013, 16（5-6）: 567-593.

[64] CRIADO R, FLORES J, GARCÍA DEL AMO A, et al. A mathematical model for networks with structures in the mesoscale[J]. International Journal of Computer Mathematics, 2012, 89（3）: 291-309.

[65] SOLÁ L, ROMANCE M, CRIADO R, et al. Eigenvector centrality of nodes in multiplex networks[J]. Chaos: An Interdisciplinary Journal of Nonlinear Science, 2013, 23（3）: 033131.

[66] DONGES J F, SCHULTZ H C, MARWAN N, et al. Investigating the topology of interacting networks[J]. The European Physical Journal B, 2011, 84（4）: 635-651.

[67] HOLME P，SARAMÄKI J. Temporal networks[J]. Physics Reports，2012，519（3）：97-125.

[68] JÜTTNER U，ZIEGENBEIN A. Supply chain risk management for small and medium sized businesses[M]//ZSIDISIN G A，RITCHIE B. Supply chain risk：a handbook of assessment, management, and performance，Springer，2009：199-217.

[69] SCHNEBELE E，JAISWAL K，LUCO N，et al. Natural hazards and mineral commodity supply：quantifying risk of earthquake disruption to South American copper supply[J]. Resources Policy，2019，63：101430.

[70] 永学艳，陈建宏.我国铜工业与经济发展相关性研究[J].有色冶金设计与研究，2010，31（6）：5-8.

[71] 王强，陈俊华.基于供给安全的我国石油进口来源地风险评价[J].世界地理研究，2014，23（1）：37-44.

[72] 吴巧生，薛双娇.中美贸易变局下关键矿产资源供给安全分析[J].中国地质大学学报（社会科学版），2019，19（5）：69-78.

[73] 刘林青，闫小斐，杨理斯，等.国际贸易依赖网络的演化及内生机制研究[J].中国工业经济，2021，2：98-116.

[74] 陈银飞.2000—2009年世界贸易格局的社会网络分析[J].国际贸易问题，2011，11：31-42.

[75] PAN Z. Varieties of intergovernmental organization memberships and structural effects in the world trade network[J]. Advances in Complex Systems，2018，21（2）：1850001.

[76] GIULIANI E. Network dynamics in regional clusters：evidence from Chile[J]. Research Policy，2013，42（8）：1406-1419.

[77] 林珏，谢汶莉.中美非对称相互依赖与权力变迁的实证分析[J].世界经济研究，2015，10：44-54.

[78] 王昶，宋慧玲，左绿水，等.国家金属资源安全研究回顾与展望[J].资源科学，2017，39（5）：805-817.

[79] 杨建锋，余韵，马腾，等.工业革命驱动下能源与金属资源需求演变特征与前景分析[J].中国人口资源与环境，2020，30（12）：45-54.

[80] 郝晓晴.钢铁国际贸易多层网络供给风险传播机制研究[D].北京：中国地质大学，2019.